互联网
战略变革与未来

罗明伟◎著

人 民 邮 电 出 版 社
北 京

图书在版编目（CIP）数据

互联网战略变革与未来 / 罗明伟著. -- 北京 : 人民邮电出版社, 2018.9
ISBN 978-7-115-49225-8

Ⅰ. ①互… Ⅱ. ①罗… Ⅲ. ①互联网络x战略 Ⅳ. ①TP393.4

中国版本图书馆CIP数据核字(2018)第194278号

内容提要

本书共九章，第一章是对互联网阿米巴化变革的思考；第二章是关于互联网熵增效应与降噪效应；第三章是关于互联网对企业变革的影响；第四章提出了互联网活性化管理思维的观点；第五章是探讨关于互联网众筹众智的问题；第六章是关于未来人工智能的发展；第七章是关于互联网对社会财富分配格局的影响；第八章是关于企业与网络连接的智能；第九章是关于互联网与社会新秩序变革。

本书适合企业管理人员、互联网从业者和创业者、互联网研究人员，以及对互联网思维、互联网变革、互联网管理、互联网未来等有兴趣的读者阅读。

◆ 著　　　　罗明伟
责任编辑　李　强
责任印制　彭志环

◆ 人民邮电出版社出版发行　　北京市丰台区成寿寺路 11 号
邮编　100164　　电子邮件　315@ptpress.com.cn
网址　http://www.ptpress.com.cn

◆ 开本：700×1000　1/16
印张：15　　　　2018 年 9 月第 1 版
字数：182 千字　　　　2018 年 9 月河北第 1 次印刷

定价：69.00 元

读者服务热线：(010)81055488　印装质量热线：(010)81055316
反盗版热线：(010)81055315

前言

我们的生活越来越多地被互联网统治，越来越多的人从事与互联网相关的工作，一波又一波互联网浪潮不断涌过，一个又一个互联网风口出现，一拨又一拨互联网创业精英涌现，一个又一个互联网新兴企业崛起，然而我们大多数人只是感觉在不断跟随互联网的脚步，感觉互联网一直在改变，感觉一直在被互联网改变，却又无法预料到互联网还将要改变什么。在不断的跟随中，许多人在苦苦求索，下一波互联网浪潮将是什么？互联网的未来是什么样子？显然，要预测互联网的未来，需要首先研究互联网的历史和现在，需要弄清楚互联网究竟如何改变我们的过去和现在，而我们所要弄清楚的这种“改变”不仅仅是表象的，而是一种深层次的“变革”，只有透过现象看本质，从这种深层次的变革中寻找规律和轨迹，我们才可能对未来有所认知。

互联网战略变革，是我在从事企业管理工作中经常听到的一个词汇，不少企业改革被冠以互联网战略变革的需要，但到底什么是互联网战略变革，似乎很难说清楚，不同的人从不同视角有不同的答案。到底有没有互联网变革的“普遍真理”，这个问题一直困扰我，也让我思考究竟什么是互联网战略变革。弄清楚什么是互联网战略变革，意味着不仅仅要真正厘清互联网过去和现在已经发生的，也意味着需要在某种程度上对未来的互联网发展进行预测。因此，互联网变革与互联网未来这两个命题是息息相关的。

也许没有人能够真正预知未来的互联网，所有预测都是管中窥豹式的，当许多人试图将互联网带来的变革总结成一种普遍规律的时候，我们可能只是基于某种局部而并非全面的表象做出的判断，也可能只是站在一个小山坡上远观高峰的想象。未来的互联网似乎是一座遥不可及的高峰，但我们仍然希望能够看得更远，看得更高，这是人类的天性。互联网的未来是一个难以预知的迷，我并非想做互联网预言家，只是希望通过写这本书来推动自己思考，推动自己研究，希望能够透过现象找到更多规律，让自己能够看到更多深层次的东西，又能够从这种深层次的东西看到更远一点的未来，能够提前一点触及明天的互联网。

关于互联网未来变革是个大命题，有很多人曾经和正在从不同的角度尝试去预测和前瞻，未来也将继续有很多预测和判断，这是个仁者见仁，智者见智的问题。回过头来看，尽管有很多想象性的模糊预测或抽象性判断，但似乎没有人在二十年前能够真正预测到今天互联网是怎样。同样地，今天也很难预测到二十年后的互联网到底是怎样的。互联网无疑对人类社会产生了巨大影响，包括对经济、政治、社会的影响，对产业、企业的商业运作和个人生活的影响都是有目共睹和显而易见的，然而当不同的人试图在更抽象的层面判断互联网对诸如企业组织管理方式、产业生产运作模式、社会结构层次变化等的影响时，仍然是“横看成岭侧成峰”，会有不少的观点甚至是对立的争论，人们希望能够找到类似真理的东西，但这种真理只是存在于不同人的观念中。我希望把自己的一些思考判断和主观感觉分享出来，也是为了与更多人相互交流和启发。

互联网给我们提供了一个强大的技术连接工具和空前融合的大市场，就像一支神奇的画笔，让人类去描绘未来，而人工智能、大数据、物联网等新技术是互联网神奇的五彩工具，将让人类更加自由地去创造未来的图景。推动互联网变革与未来的第一生产力是我们的想象！人类想象将成为互联网未来发展的最强动力和最大空间。我写本书也是希望能使更多的人对互联网的未来有更多的想象力。并让这种想象力塑造未来。

在对于互联网变革和未来的种种疑惑中，我也是思考者之一，并且对许多问题思考了很长时间，之所以写本书，也是为了与大家分享自己的一些思考。这本书的写作有些随笔的风格，但许多问题也是经过我长久思考的，如果细细品读，相信读者会找到不少能够共鸣的地方。起先动笔的时候，我希望从互联网的发展历史中寻找一些思路，试图把各种互联网商业模式、业务技术等进行提炼和总结，然而互联网中各种商业模式和新业务技术层出不穷，日新月异，虽然我搜集了不少材料，也提炼和总结了一些东西，但写出来后，总感觉不满意，有时候写过几个月回过来读就觉得已经过时了，感觉互联网变化太快了。后来我突然认识到，凡是互联网能够搜集的东西，应该再无须费力“去互联网化”，于是决定改变思路，写一本探索和思考互联网战略变革与未来的书，我想这也算是一种互联网思维演变吧。

本书共分九章。第一章是对互联网阿米巴化变革的思考，提出了中心重构模式变革、需求链主导模式变革、平台交易模式演变、区块链演进、知识货币创新、去商业化建构等思想。

第二章是关于互联网熵增效应与降噪效应，揭示了互联网每一种商业模式的成功伴随着熵减效应，但不可忽视过度商业化带来的熵增效应，而智能化成为熵减效应的新希望。

第三章是关于互联网对企业变革的影响，分析提出互联网成为企业生命周期的加速器，互联网化管理的精髓在于始于客户，终于客户，“蝴蝶效应”下的战略规划问题等。

第四章提出了互联网活性化管理思维的观点，认为在互联网推动企业外部市场与内部资源变得更加具有变化张力的情况下，企业需要采取活性化管理来适应这种变革。

第五章是探讨关于互联网众筹众智的问题，认为众筹众智未必能形成一种高智慧的秩序，会形成互联网大数效应、乌合之众效应和独占效应，而这往往被“聪明”的商业者巧妙利用。

第六章是关于未来人工智能的发展，提出了生物智联网、协同智能、第六数字感官等互联网未来发展的新思想。

第七章是关于互联网对社会财富分配格局的影响，对互联网资本化带来的变革提出了一些新的见解和观点。

第八章是关于企业与网络连接的智能，提出一个企业的智慧与连接数量和强度有关，企业需要将信息化系统实现与客户对接，需要将能量映射到网络，需要让资源软化等。

第九章是关于互联网与社会新秩序变革，揭示了互联网对政府、法律、社会契约、二元文化、逻辑世界等带来的深层影响，并提出一些新的观点。

本书主要与读者分享关于互联网变革与趋势解构、互联网思维智慧、互联网前瞻性商业模式等观点与思想。

欢迎读者朋友与我交流，作者邮箱为 13301165520@189.cn。

罗明伟

2018 年 1 月于北京

目录

第一章 互联网格局重构与演进

互联网诞生并快速发展后，对经济、社会、思想、文化等各个领域产生深层次的影响，并在无形中推动各个领域产生秩序建构变革。我们正处在一个互联网推动的无形秩序变革中，如何认识这一秩序变革的内在驱动和秩序特征，并进一步把握变革规律与去向，是一个值得许多人探讨的问题。互联网格局的阿米巴化被认为是互联网秩序变革的趋势，也有许多现象级的趋势表征，并且有不少基于这种趋势认同而推动的企业变革，究竟如何全面看待，需要从多个不同视角剖析。

1.1 互联网与阿米巴化重构

互联网兴起以来，就有很多推崇互联网中心化格局向离散的阿米巴化格局重构演进的主张，这种主张的提出看上去最先是与互联网所采用的技术特征有关系的。计算机通信网络的互联网改变了传统电话通信网由许多交换中心组成网络的路由模式，而采用了非中心化的路由组织方式，在实现交互通信的网络路径选择上，互联网具有自我选择和自愈选择能力，并非传统通信网的中心配置模式。然而，在所有高喊互联网化和网络自治的声音中，都忽略了一个事实，那就是无处不在而又可能淹没正常信息的网络噪声。阿米巴化的主张就像迷信人性的“善”而忽略人性的“恶”一样有着理想主义色彩，而无论是网络社会，还是网络经济或网络市场，并未在阿米巴化中显现出更好的发展秩序。

有些推崇阿米巴化格局的学者、专家试图从物理学、系统论或者类似控制论角度来证明，阿米巴化是社会系统或企业系统管理的一个高阶方向，是互联网时代的一个发展趋势。然而，从物理学形态来看，阿米巴化的进程实际更像一个熵增过程，而熵增过程一般被视作是一个系统退化过程。熵增过程是一个系统各部分能量趋于均衡进程，这使阿米巴化就像一个让能量中心消散的过程。有意思的是，与许多人直观感觉不同的是，按照物理学的定义，系统向能量均衡状态演进的过程在物理学中被描述为趋于“无序”而非“有序”状态，而最终当系统各部分所有能量都显现均衡时，系统将进入“死寂”状态。

阿米巴化就像熵增过程一样，意味着每个独立的单元、区块都能够自身拥有能量自主，这也是被有的专家视为阿米巴管理模式的思想根基所在。在互联网化的浪潮下，阿米巴模式在中国盛行不衰，然而我们不可忽视的事实是，阿米巴思想的提出者稻盛和夫在日本企业界有着崇高的威望，而他领导的企业能够成功，正是更高层级的中心能量不断输出，才能够使企业实现强大的竞争力。如今，稻盛和夫曾经领导的两家公司 KDDI 和京瓷公司似乎已经变得比较平庸，尽管他们可能仍然奉行阿米巴模式。在一些推行阿米巴模式的企业中可以看到，尽管业务单元提升了自我驱动力，但虚拟成本管理和过度经济利益核算可能导致不同单元之间的交易成本上升，并可能影响到整体战略目标的凝聚力。在实践中，无论何种成功的管理模式，都很少能够脱离于一个有效且有力的企业领导中心，就像历史上无论哪个王国的管理机制设计得如何完美，但是如果遇上一个昏君领导，王国大多不久就会崩溃。我们永远不要期望企业各个单元处于一种能量均衡的“死寂”状态，而更应该让企业不断处在一个能量非均衡的变革状态中。

企业作为一个系统，互联网时代的变革之道的关键恐怕并不在于阿米巴化，而在于中心重构化，即确保不断重构的中心能够实现高价值、可持续的能量输出，而并非变成割裂的，缺乏能量交换的阿米巴式结构。中心化重构，对于一个企业系统或者企业集团来说，意味着当企业一部分业务呈现出高能量特征时，应当把资源尽量向这种高能量、高成长型的业务倾斜，让高能量的业务或子公司发挥出更大的中心能量辐射效应，让企业不断找到新的能量中心，这是企业发展战略的根本所在。人才资源的中心重构化，是互联网时代一个企业能够领导时代的致胜根本，这意味着当一个企业人才呈现出强大的正面能量时，应当让他成为更大的新能量中心，然而很多企业并不容易做到这一点，或者说他们只是在一个有限的范围内尝试做到这一点，而大多时候因为内部的利益纠纷而流于形式。

笔者曾经数次作为咨询顾问与知名的管理咨询机构交流，管理咨询机构询问如何看待两家知名公司的“互联网化改革”。我坦言并不太看好，因为我所了解的这两家公司的改革中，所有改革都是中高层主导制定的，他们的改革更主要是针对中下层，所有的改革大多难以触及中上层利益，也没有一种成熟的机制让下层的优秀人员能够层层脱颖而出，尤其当一名基层单元的领导者因为业绩优秀而获得丰厚利益时，有的企业上一层的领导者往往首先想到的是给予约束以免支付太多报酬，业绩优秀者可能并没有及时因为业绩突出而获得更大能量输出，反而可能被主导改革的人压制以免威胁到自身位置。优秀者如果不能在某种程度上成为改革重构的中心，成为引领企业的力量，他们将更多选择离开而非伴随企业前行。

在一些企业的所谓互联网改革中，最高主导者往往把自己放在改革之上，这种改革是脆弱不可持久的。只有主导改革者让自己也成为改革对象的一部分，所谓的重大改革才有可能取得成功。很多主导企业改革者并未意识到这一点，他们的改革往往是折腾别人却不愿意动自己和自己身边人的奶酪，让自己和亲近的利益集团凌驾于改革之上，往往只是酝酿了一场注定要失败的改革。

信息噪声是影响互联网秩序格局的一个关键因素。对于网络经济社会，网络噪声的存在就像违法犯罪、损人利己的行为对现实经济社会的影响一样不可避免，如果缺乏有效的中心调控，就像社会沦入无政府主义的陷阱中，而只有理想主义者才会一厢情愿认定将会带来生产力的全面解放。事实上，没有“中心”的经济社会或市场，很可能被到处泛滥的“自由噪声”所毁灭。互联网的每一种商业模式的兴起或商业格局的变化，都伴随着某种新的能量中心的崛起，伴随着局部或者整体网络市场上新的中心形成，而所谓的阿米巴化可能只是一种格局调整显现的“假象”，背后更深层的变化是此起彼伏的中心格局迁移。

中心化是一种自然进化与经济社会演进所呈现的一种普遍格局，在地球生态的自然演进中，从无机物到原始生命再到高级生命，是一个天然的“中心化”能量聚集过程，这一过程中不断出现中心重构，即一种优势物种替代另一种优势物种成为自然中心，直到人类作为最高级的生物扮演中心角色。自人类从原始社会进化以来，在许多领域向中心化格局的演进一直没有停止。尽管在局部形式上我们可能看到一种更加分散化的格局，但在制度、规则层面呈现出一种向更高阶的中心化格局演进趋势，就像欧洲分裂成许多小国家，但在经济贸易上形成更加一统的欧盟乃至世界贸易组织一样。对于网络经济与社会来说，中心化格局是网络经济社会中存在着交易中心与规则中心，它显现出网络经济与网络社会必须遵守的秩序与规则，这种秩序规则降低和抑制了妨碍交易形成的网络噪声。也许对于完全自治的市场，并没有中心的存在，但缺乏中心控制的网络噪声泛滥，可能导致交易根本无法形成。换句话说，“中心”是抑制和消除网络噪声的主体，它与网络噪声是互生互灭的，也是网络交易所依赖的。“中心”是某种约束性的规则集中体现，虽然它限制了某种交易自由度，但又保障了网络交易市场的正常运作。

区块链技术的兴起使阿米巴化掀起新的浪潮，它成功地将信任机制分散化并使信任成本大大降低，然而在以区块链建构的所有商业模式中，迄今仍然无法摆脱无形的中心之手，在区块链所建立的共识或者规则中，都离不开中心化的制定。在这里并非全面否定阿米巴化，我也认为阿米巴化所倡导的建立自我驱动能力是一种秩序进步动力，在互联网许多商业组织中需要并且可能依赖这种自驱动能力，然而我们要警惕在这种阿米巴化的组织变革中，由于裂化单元之间交易成本上升和可能存在的互联网化噪声危机，组织可能面临失去战略性方向的挑战，更大的挑战在于领导者可能因此错误认为具有自我驱动能力的单元能够完全实现自我管理，并且能够在无须管理统筹的情况下实现更加灵活高效的发展。

在互联网时代，传统以双边交易为主的市场模式更多演变成以平台为主导的三方交易市场模式，互联网带来交易范围、数量与概率空前提升，但也同时带来交易安全性问题。由于大量市场信息噪声的存在，交易者都在不同程度上面临交易对象选择问题，互联网平台在扮演发现交易需求、撮合交易角色的同时，也扮演着保障信用与安全交易的中枢，并成为互联网的格局中心。区块链出现后，一些人认为去平台化与阿米巴化将成为新的趋势，这也意味着三方交易的市场主导模式可能重归双边交易的市场主导模式，而眼下互联网巨头们精心打造的平台面临失去中心位置被边缘化的挑战。然而尽管未来智能化的平台可能以更加离散或更加隐秘的方式展现，但平台所建立的机制仍然是保障互联网交易的基础，在相当一段时期内平台主导互联网市场中心格局的局面恐怕很难被打破。

对于阿米巴化的争议，真正的挑战将在人工智能时代来临。围绕人工智能带来的风险与机遇，以埃隆 · 马斯克（Elon Musk）为首持人工智能威胁论，另一派则以马克 · 艾略特 · 扎克伯格（Mark Eliot Zuckerberg）为代表，认为人工智能会让这个世界变得更好，这是两个截然相反的观点。人工智能带来人们对非生命的人工智能掌控失去控制的风险，从而导致人对其自身失去社会“中心”位置的忧虑。人们担心缺乏“中心”制约的人工智能将打破人类社会秩序，从而导致人工智能无法控制，并可能导致人类生存的危机。阿米巴化意味着去约束化和大幅增加自治的自由度，也可能意味着一种不可控的危机。人工智能的兴起对网络世界是一个天然的阿米巴化的进程，我们将可能不得不痛苦地认识到，要防范未来人工智能时代的危机，有必要在某些方面加强中心化而非阿米巴化，需要将网络秩序放置在比网络自由更高的位置上，这种网络秩序包括以“自然人”为核心的道德秩序安全、文化价值安全、人身价值安全等。中心化意味着人们将必须对人工智能的应用制定统一的规则和道德规范，并确保能够通过某种中心机制确保这些规则、规范符合人类的整体利益，确保能够对违背人类利益的危险人工智能行为进行有效的干预和约束。

要管控未来人工智能风险，有必要建立统一的认证和监督中心，确保所有的人工智能的研制与生产符合人类的利益和价值原则。我们可能为此需要给人工智能机器人植入统一的认证控制模块，确保人工智能机器人遵守人类价值规范，并且建立某种集中的、控制的中心化系统，确保在能够对影响人类利益或危及人类生存的人工智能机器人进行统一的干预与控制，并防范由于个人目的，操控滥用人工智能的行为。当我们进入自动驾驶时代，我们会发现阿米巴化将变得极具挑战性，我们很难想象去中心的智能化能够完全解决包括车与车之间、车与行人之间、车与环境之间等系统化的协调，一个缺乏中心协调统筹的自动驾驶系统无论有多么智能化，都可能是孤立的“愚蠢”。我们将可能不得不需要分层级乃至在最高层面统一的中心化控制系统，来实现自动驾驶系统的普及化。没有网络化的中心控制系统，独立的自动驾驶无论多么智能，只能像一只聪明的苍蝇一样，即使能够随时躲开捕猎者扑击的巨大风险，也可能避免不了撞上透明玻璃的低级悲剧。

未来的网络中心即使具有高度的阿米巴化智能，我们仍需要确保这种智能是以人为中心而非以机器为中心，并且确保整个中心是基于道德化、人性化、民主化的，它将具有最高的信息安全性，并且拥有非政治化的授权机制与信用机制。这对于人类是一个不小挑战，因为人类可能会痛苦地发现，在日益纷杂的网络体系中，各种政治、商业与社会力量交织，尤其网络上一些统治性商业力量成为实质性的、跨国性的超强网络中心力量，而他们基于商业利益建立的中心格局未必会符合人类均衡利益，重塑中心格局将可能成为旷日持久的纷争。尽管我们在局部面临阿米巴化、自治化的趋势，但在全局上我们面临秩序统一化、中心化、链动化的趋势也会非常明显。无论在网络技术架构还是社会经济上，与解构中心化的趋势呈现另一种相反的趋势是，我们将进入一个重构中心化的时代。这种重构中心化与传统中心化所不同的是，传统中心化建立在某种较强的控制能力基础上，并且这种中心化往往呈现出层级架构的特点，越往上层，控制权力和力度越大，而新建构的中心将更多呈现出协调性而非控制性的特征，并且更多是一种无级化的协调方式。

1.2　从供应链模式到需求链模式的变革

在企业向市场提供产品与服务的过程中，建立有效的供应链是基础。绝大多数企业都是按照这样的流程来提供产品和服务：企业组织市场调研，根据调研的客户需求来设计产品，按照产品所需要的元素进行供应链组建，如果产品复杂，还需要建立各类子供应链，通过供应链衔接运作，生产出产品并向市场销售。

供应链管理是大多数企业运作流程的核心，企业 IT 系统最先大多也是围绕企业供应链建设的。我们通常所说的产业链一般也以供应链的方式出现，从最上游的供应原料商到最下游的用户消费者，供应链的驱动力源泉来自于最下游的用户需求。然而在供应链上，从最下游的用户需求信息传递到最上游的供应商，经历过许多环节，这中间可能存在诸多信息失真和管理的问题，当企业产品销售遇到困难时，除了质量问题外，大多时候是与对客户的需求信息了解不够准确有关，以至于从最下游传递到最上游的客户需求信息与真实的客户需求信息不匹配。

要准确了解客户需求并非易事，即使采用形形色色的调查工具和方法也可能出现系统性失效。在计划经济或者卖方市场中，上游供应商并不需要准确了解最终用户的需求，而随着各行各业步入买方市场，客户个性化、定制化需求时代来临，这导致供应链的信息传递越来越困难，供应链的运作管理也越来越充满挑战性。

当前的互联网为我们呈现的也是一种“先有卖家再有买家”“先有产品再有买卖”的供应链模式，搜索引擎为我们呈现出海量的信息源和产品信息，电商为我们提供了无数企业的产品供应信息，如果你对产品有个性化需求，你将会发现搜寻到所需要的商品是一个非常痛苦的过程。互联网为工厂提供了许多零部件、设备供应信息，为普通消费者提供了许多商品供应信息，这些商品信息如此之多，以至于购买者往往眼花缭乱，不知所措，采购者需要花费大量时间和精力在网上比较各种商品的品质、价格以及售后服务等。

我曾经在淘宝上为了买一件价值不高但品质要求高的商品，花了几天时间研究买家留下的评价，几乎没有一件商品全部是好评，有的评价又让人怀疑是卖家施压或者请人做托的结果，等我买回来的时候，我却发现商品不符合要求，退货又比较麻烦。这时候我在想，如果我把我对产品的需求告诉网络，网络能够帮我做好选择，或者说，网络给我筛选出几种最精确的推荐，而不用我费力在如此多的商品的仔细筛选中做出选择。

互联网上的供应信息是海量的，而需求是特定和个性化的，搜索引擎、电商网站所得到的供应信息为我们的需求提供了更好的匹配，但这也许远远不够。比如淘宝网在对许多产品的特性分类已经做得很不错，这有利于用户选择到适合自己需求的产品，比如你买一个挂钟，淘宝会有更详细的分类信息，比如是分电池的还是插电的，是什么风格，挂在客厅或者卧室的，是什么牌子的等，这些具体的分类信息也是淘宝网站的专业技术。未来的互联网能否在用户需求信息匹配上走得更远、更准，能够让用户找到满足需求而又更可靠、信赖的信息，将成为互联网创业者们的梦想空间。如同互联网让许多企业的销售渠道变“短”了一样，如今互联网使许多企业的供应链变“粗”，变“厚”了，企业的上游采购空间变得非常广阔。然而，你可以在互联网上找到许多物料、设备供应方，你可能并不知道他们真正的企业实力和产品质量，而要核实这些信息，你需要花费更多的时间和成本。

未来互联网、人工智能将会改变这一切，“先有卖家再有买家”或“先有产品再有交易”的供应链模式很可能将走向“先有买家再有卖家”或“先有需求再有产品”的需求链模式。八戒网是这样一个需求链模式的例子，买家先提出需求和愿意的出价，然后卖家根据买家的需求信息来匹配提供服务，当然在这一过程中买家仍然应拥有消费选择的主动权，包括选择性价比高的产品。百度搜索推出的“百度知道”工具也是需求链模式探索的一种创新，这一工具让信息需求者无须去搜索海量的信息，而是需求者提出问题后以一定的激励方式吸引许多参与者提供信息，然而它存在诸如参与者数量不足、经常出现答非所问、提问者也缺乏明确表述规范等问题。

随着互联网智慧能力的提升，基于需求链模式引导的产业运作将会获得越来越大的空间。这种模式下，用户不用再费力去搜寻网络上纷繁的供应信息，他只需发布需求，围绕他的需求，互联网将解构需求并提供一条需求链条，许多信息供应者和产品供应者将围绕这条需求链，主动为用户提供所需求的产品服务和信息服务，系统将为用户提供选择所需的知识，帮助用户做出选择。

这是一个现在供应链模式下用户借助网络进行装修房子工程的常见场景。

一个用户刚刚买了新房并准备装修房子，他决定充分利用互联网来节省成本和保证质量。然而，这是一个浩大的工程。他首先到网上了解各种有关房子装修的知识和细节，然后到网上寻找装修、施工人员，到装修电商网站上或综合电商上比对各种装修材料的价格，找出网上各种材料产品的用户评价和性能对比，这些材料小到螺丝、铆钉，大到家具电器……他在采购各种材料的过程中得费力四处查找有关产品信息，以防上当受骗，或尽力追求高性价比，他发现找寻这些信息比采购这些产品花费的时间更多，时不时发现自己把某种工序搞乱了。

我们来看一下未来在需求链结构模式下用户借助网络进行装修房子工程的场景。

一个用户刚刚买了新房并准备装修房子，他在一个具有人工智能的需求引擎上提出自己的需求，系统会引导客户给出更加准确的需求，比如房子的面积、装修材料要求、成本控制要求等；系统根据客户的准确需求，给出客户有关需求的分解方案，比如采取整体外包还是将施工与自购材料分开，是按照厨房、卫生间、客厅等不同空间分开发包还是按照平整、改造水电、刷墙、吊顶等工序分开发包，系统还会提供客户有关这些方案选择的参考知识；用户选择需求分解方案后，系统还可以进一步拆分细化需求，比如客厅的装修需求可以进一步分解为施工、地板、墙漆、灯具、沙发、家电等采购，并将客户有关需求提供给需求链条中的相关供应商；供应商根据客户需求信息，提出自己的产品报价或者个性设计产品的报价；客户选择方案，系统自动比较有关供应商的方案并给出推荐参考知识；用户根据自己的偏好、预算等选择好需求细化分解方案，在每一步选择中，系统会提供相应的选择参考知识。整个工程的完成是一个需求链解构的过程，用户没有受到工序颠倒的困扰，因为系统会提醒他在实施某项工序前必须先完成其他工序。

基于互联网需求链模式的建立，将在更大范围中变革我们的生产和生活服务方式，我们会发现许多复杂的项目将会因此变得简单得多。比如企业要建设一个大型工厂的工程项目，互联网上智慧的需求引擎系统将帮助企业解构需求，提供资金需求、设备厂房、人力管理等各种需求解决方案，这些需求方案被进一步解构为成千上万的细化产品服务需求，并提供给供应厂商，供应厂商将会根据客户信息提供自身产品供客户选择。

在需求链模式下，当我们出去旅游的时候，我们将不再需要提前做各种周密细致的准备，也不用再把全程旅游服务委托给总想向你兜售伪劣商品的旅行社，互联网的需求引擎系统将会为我们解构所有的需求，将诸如订飞机票、订酒店、买景点门票、接送车等各个环节需求解构给不同的供应商，不同的供应商将根据用户要求提供自己的产品服务信息与报价，供用户选择。

国内多个大 V 曾经推荐的《纽约时报》杂志撰写的一篇文章叫作《骗子、假先知们一夜暴富背后：区块链是回归互联网本来意义的唯一希望》，这篇文章中描绘了如下一个场景。

正如 GPS 给我们提供了一个发现和分享我们位置的方法一样，这个新协议将定义一个简单的请求：我在这里，想去那里。分布式账簿可能会记录所有用户过去的旅行、信用卡、最喜欢的地点——所有优步或亚马逊这样的服务商用来锁定客户的元数据。为了方便论证，把它叫作“交通”（Transit）协议。将“交通”请求发送到互联网的标准将完全开放；任何想要构建应用程序来响应该请求的人都可以免费使用。城市可以建立“交通”应用程序，允许出租车司机提出请求。而自行车共享组织，或者人力车夫也可以这样做。开发人员可以创建共享的市场应用程序，在这些应用程序中，所有的潜在车辆都可以通过“交通”来争夺您的业务。当你走在人行道上，想要搭车时，你不受限于某一个供应商。你可以简单地告知：你站在麦迪逊广场 67 号，需要去联合广场。然后你会得到一连串的竞争性报价。你甚至可以在理论上得到大都会运输署的报价。它可以建立一个服务来提醒“交通”的用户，直接乘坐轨道交通 6 号线可能会更便宜，也更快捷。

这个场景其实就是需求链代替供应链的模式，这意味着以供应链为主的平台模式将可能转向围绕需求链为场景的运营模式。在工业时代，能够更精准地掌握供应链的将是市场的赢家！在互联网时代，能够更清晰地掌握需求链的将是市场的王者！需求链模式的形成，需要依赖对用户需求的精准把握，很多人可能会怀疑用户能否准确描述自己的需求。我记得在我曾经参加过的一个培训课堂上，一个英文老师在课堂上做过“十八猜”的游戏，这是一个古老的智力游戏，很多人也可能做过这个游戏。“十八猜”游戏中，一个被问者事先想好一样东西，由其他人提问，被问者只能据实回答“是”或者“不是”，据说从理论上讲，被问者事先想好的任何一样东西都能够在十八问内猜出来，当然这需要提问者有一定的智慧，或者是按照一定的逻辑来做。

回想起这个游戏，我便想未来的互联网搜索引擎是否也可以借鉴类似的智慧。当用户希望搜寻一个自己需要的信息，搜索引擎也可以用一种聪明而且具备一定逻辑的互动方式，引导客户表示出精准的需求信息。从客户角度来看，在需求供应上，客户需要“短链”的供应模式，却往往又希望有“长链”的供应信息！那么谁将来负责构筑理想的需求链，答案应当是人工智能（AI）！人工智能将会帮助颠覆现有互联网的供应链模式，在推动供应链到需求链模式的变革中扮演革命性的角色！

AI 的快速发展，改变了原来人与互联网之间的 Drag/Push 或者搜索式的交互方式，使原来的交互方式发生变革性变化，比如人们开始越来越多使用类似智能语音的交互方式，未来还可能使用更加智能的脑机接口交互，这将使原来的互联网生态面临变革性调整。譬如原来引导深度交互是预设式的基于可视化链接，这种方式的交互会逐渐变得脆弱，而未来基于即时响应并具有人工智能引导的深度交互将会变得更加强大。在这一过程中，人工智能将不仅帮助我们实现一种深度交互，而且将为我们尽可能消除在需求建构和信息选择上面临的干扰“噪声”，让模糊的需求最终变成精准而真实的需求。

写下上述文字不久后，我从网络上看到了新兴采用区块链技术的搜索引擎公司 BitClave 的商业模式，这家公司的商业模式恰好是建立在需求链模式的基础上，因此，我又补充了这段文字，显然我所预想的需求链主导时代正在以比我预想更快的速度逼近中。

1.3　虚拟经济的未来解构

互联网带来虚拟经济的空前繁荣，发展速度惊人，也使一部分人对虚拟经济的“过火”产生质疑，难以理解虚拟经济业态吞并传统实业之态，并认为可能引发脱实就虚的问题。然而，虚拟经济并非脱离实体经济存在，它首先是建构在实体经济基础上，诸如平台性经济新业态大多也并未脱离实体经济要素，在虚拟经济背后，是各种经济资源要素使用方式、组合方式变革，同时互联网作为一种新要素，也在变成一种有效的经济资源。

在虚拟经济繁荣发展中，互联网首先推动着资源使用方式的变革，类似电子商务应用中，打破了过去传统资源的使用方式，诞生新的资源使用方式，比如共享汽车、共享单车、共享空间、共享民宿等共享经济。新型业态下的资源使用方式变革，使资源使用效率提升，一些闲置的或者过去看上去难以交易的资源能够通过互联网平台得以交易，资源交易的概率提升，交易的范围大大拓宽，这相当于为经济注入了新的资源和动力，从而推动产生更多的价值。当然，在互联网推动资源使用方式的变革中，也可能导致另外一些经济资源受到冲击，比如共享汽车对传统出租车业产生冲击，电子商务对传统门店业态产生冲击，然而新业态与旧业态的竞争是有必要的，替代竞争所产生的新动能也是经济变革发展所需要的。

资源配置组合方式的变革，是互联网推动虚拟经济发展的又一种方式。一些原来看上去联系不大甚至无关的资源，通过互联网进行配置组合，成为焕发活力的新经济业态。许多创新的互联网商业模式，也来源于对资源配置组合方式的变革。像电子商务与快递行业的组合，让快递行业获得前所未有的新动力。

互联网推动的共享经济的发展，让一些传统经济理论也面临挑战，比如曾经影响巨大的科斯产权理论及其所代表的新制度经济学派理论。根据科斯产权理论，产权界定成为经济学中的一个至关重要的问题，解决产权问题是外部效应的关键手段，然而共享经济的兴起打破了一些经济学家秉持通过产权界定降低外部负面效应，并推动实现双边交易的理念。在共享经济中，对于资源使用方而言，资源的产权界定不再是一个突出的对抗性问题，而是第三方平台引导制定的共赢规则下，可以通过更加灵活的三方交易模式解决外部性问题。尽管第三方平台在一定程度上使交易成本上升，但在这一过程中，资源拥有更高的交易概率、更大的交易范围，还有第三方平台的相互竞争，都可能使交易效率提升，而总体交易成本下降。因而我们可以看到资源的使用方式已经打破原有的疆界，变得更加活性化，更加具有可交易性。

除了改变资源使用与资源组合方式外，互联网作为一种新技术资源要素，也已经成为一种最具有活力的资源和生产力要素，同时是一种具有渠道功能、媒介功能、用户功能等的高价值资源。譬如互联网数字营销广告是一种典型的纯互联网业态，能够做到因人而异、因地而异、因时而异地精准投放广告，同时又是一种集成广告宣传与购买服务的线上渠道。作为一种新资源要素，互联网呈现最普遍和核心的资源形式是平台资源，它的兴起和变革将决定互联网的未来。平台资源是互联网最核心的资源，它之所以能够兴起并在互联网秩序格局占据中心位置，是由于它极大地促进了资源交易方式的变革，这也是互联网变革的基础。

在互联网世界中，海量虚实掺杂的交易信息带来噪声问题，非面对面交易带来的信用问题，使噪声与信用是所有互联网商业模式和秩序建构面临的两个挑战，而互联网平台作为一种新资源要素，在保障交易参与者联系沟通的基础上，承载的两大重要功能是降噪和信用保障，它将改变传统的双边资源交易模式平台主导的三方资源交易模式，在这一资源交易方式的变革中，信用保障与降噪成为吸引客户流量和商业成功的关键。然而平台资源自身也可能面临噪声化，在区块链推动网络整体信用可能逐步提升的趋势下，平台资源的降噪变革将是控制互联网格局演变的关键。平台资源作为互联网核心资源，也是一种稀缺资源，由于互联网平台资源具有强大的网络效应，这种网络效应导致市场格局易出现马太效应，让强者拥有弱者难以望其项背的显著优势，也使眼下平台资源集中化的趋势比较明显，而一些细分垂直行业的平台也在不断跨界。未来平台资源如果进一步走向集中，则需要克服降噪难题，而如果走向分散，则意味着更低的流量规模效应。

许多人都梦想打破眼下平台资源过度集中的格局，让市场变得更加有竞争性。未来平台资源的竞争将如何解构，不妨来分析一下。大多互联网平台（我们姑且可以称之为P端）连接着B端（供应端）供应客户资源与C端（用户端）消费用户资源，我们可以称之“PCB”模式的商业平台架构。平台大多对C端消费用户采取免费吸引或补贴吸引加入的模式，而对B端采取收费入驻或者免费入驻加收费推广的模式。通过在B端采取竞价推广方式获取C

端流量，成为各种平台的主流商业模式。

总体上看，C 端流量是平台资源价值核心，也是吸引 B 端的基础，C 端的受益随着 B 端的数量上升而上升，超过一定量的 B 端可能带来过多噪声，从而导致 C 端利益不再随着 B 端数量增加而显著增加。同样的，B 端收益也是随着 C 端流量上升而上升，但过度集中的 C 端流量，将造成 P 端垄断市场，B 端会因此需要向 P 端支付更高的流量费，从而 B 端收益不会随着 C 端流量增加而显著增加。P 端的收益一般来说会总是随着 C 端与 B 端数量增加而显著增加，如果积聚足够的流量，P 端将是最大的赢家，当然大多数 P 端也可能因为聚集不到足够的流量而退出市场。

C 端流量比 B 端流量更加活跃，许多互联网商业竞争都把 C 端作为首要抢夺的流量对象，而互联网市场竞争性的提升也需要最大限度促进 C 端流量的流动性。脸部识别等智能技术的普及，将有利于提高 C 端用户的流动性。过去入驻平台意味着用户要办理不少烦琐的手续，比如下载、注册、认证、登录、开通支付等，未来也许你可能只要刷个脸就可以了，用户刷个脸就可以实现身份信息、社保账号连同银行账号等自动登记注册，当然这需要在网络安全环境已经大幅改善和得到有效保障的前提下。

要促进互联网市场的竞争性，势必需要进一步推动 B 端资源的流动性，而提升 B 端的信用功能与降噪化是重要方向。C 端对 B 端的偏好除了依赖需求精准对接技术外，平台上积累并展现的 B 端销售量、服务评价、产品评价等是关键影响因素，有助于 C 端对 B 端的产品服务尽可能消除认知噪声，并直观反映 B 端的信用能力。未来更多反映 B 端的透明信息，包括如生产现场，在线检测等信息将通过互联网反馈，B 端信息将与企业门户更紧密地结合起来。如果 B 端企业能够实现“一键式”将自身门户信息快速映射到平台上，或者企业也能够实现“刷脸式”入驻平台，B 端的流动性无疑也会大大提升，从而促进互联网平台资源适度分散化和市场适度均衡竞争。

如今无论是 C 端还是 B 端，都不愿意看到一个过度膨胀的 P 端，这使 P 端存在一个无形的边界，尤其在与用户交互的层面上，用户都不愿意看到一个填满信息过度臃肿的“胖子”，而是一个更加了解需求更加聪明的“瘦子”。智能化“瘦身”将是进一步的趋势，这也意味着 P 端资源在用户界面上将变得更加智能灵活和交互人性化。

1.4　区块链技术与去平台化趋势

区块链技术的兴起成为互联网领域的一个热点，区块链技术将参与的多个“矿工”节点在一段时间系统内的“交易信息”通过密码算法计算，记录到一个数据块（Block），再将生成该数据块用散列（Hash）算法链接下一个数据块，通过分散记录的方式，所有参与节点共同检验记录信息的真实性，每个记录区块的内容都由后续子链上的区块来保证其内容不可被篡改，也就是通过分散的链条式记录和全员参与的信息检验，来保证整个记账本系统的信息不可篡改，除非作弊者能够修改系统 51% 以上节点记录加密信息，而这在现有技术条件下是无法做到的。区块链的方式相当于给记账信息建立可靠的时间戳，通过时间戳来保证信息记录的完整性和真实性。

区块链最早应用的比特币是个充满争议的市场，不受许多国家认可的货币信用，加上炒作和缺乏透明幕后经营者，让比特币带着神秘，也让比特币成为引发许多炒币投机和社会问题的始作俑者。从比特币使用的区块链技术看，区块链技术虽然在保障记账信息不可篡改方面具有前所未有的优势，但也存在一些缺陷，比如区块链记账成本高昂，参与记账的“矿工”们为了争夺记账权所带来的比特币奖励，需要投入大量计算资源和能源消耗。当然对于记账成本高昂的问题，这可能只是在比特币等部分应用场景下存在的问题，而并非所有应用场景下必然发生的。

区块链另一个缺陷是虽然能够保证记录信息不可篡改，但并不能保障记录的没有错误或者真实，如果记录信息本身错误，系统并无纠正功能机制，同时也不能保证记录的虚拟信息与现实世界的实体信息相符，即不能保证所谓的“账实相符”，这在一定程度上限制了区块链的应用场景，使其目前主要应用在记录货币数字这种简单场景，而如果记录信息所代表的实体消失了或者发生与信息记录不同的改变，区块链体系迄今并没有能够证实或者纠正的机制。显然，如果未来要做到“账实相符”的信息记录，区块链技术还需要出现新的技术变革，以适用更多的应用场景。

区块链给人们建立可靠的信用市场增添了新的技术工具，这也使在非面对面交易的线上市场中，人们可以基于区块链技术重建交易信用和保障更加可靠的交易。区块链技术在金融领域的使用成为热点，同时很多人希望将这种技术推广到诸如民主投票等更多社会领域。许多人也希望借助区块链技术打破互联网领域平台交易模式的垄断格局，实现阿米巴化和去中介化，这让区块链技术在某种程度上被赋予颠覆互联网格局的使命。

区块链希望打破互联网平台经济是非面对面的线上交易发展的一种必然，互联网平台代表着一种交易信用保障，传统线下的双边交易模式在互联网上变成了平台交易模式，但平台交易模式是否可能通过区块链技术解构，使互联网平台交易模式重新回归到双边交易模式，这是许多人希望探索的一个谜。

在区块链技术的发展中我们也不断看到积极的东西，譬如 Presearch、Smartbit 和 Faroo 都成功推出了基于区块链技术的搜索引擎，而不是由消费者广告推动的。受到资本市场热捧的 BitClave 希望通过区块链技术颠覆数字广告市场，切断中间商，建立直接连接用户和企业家的搜索。BitClave 鼓励客户控制他们的数据的使用时间和方式，其搜索平台允许客户决定谁能够查看、访问、使用和销售他们的需求数据。如果经销商想精准找到自己的客户，这些经销商不用再找 Google、Facebook 进行搜索推广才联系到客户，而是当客户直接到 Bitclave 上输入需求数据时，比如我想买什么商品，价位是多少，什么偏好等，供应商直接来找客户。企业受益于与合格消费者的直接联系，所有促销活动都是基于客户以前的搜索历史，而客户可以选择是否显示数据并对其进行补偿，客户可以选择随时关闭需求信息，以避免陷入海量商业广告的困扰中。

我们期待区块链技术回归的双边交易模式，也有人称之为 P2P 商业模式，去平台化、去中介化已经成为一些区块链技术推广者的雄心勃勃的目标，他们希望以此打造新的生态模式，他们能走多远恐怕并不完全取决于技术的完善程度，而更多可能取决于一种决心，那就是“去商业化”的决心，如果采用区块链技术的商业构建者的真正目标仍然是商业利润，则他们建立的可能仍旧是另一个带着浓重商业化色彩的系统，甚至为了追逐利润而出现过度商业化，这种去中介化、去平台化运动将不可避免地带来许多新的问题。“去商业化”是否会成为互联网上的一场新运动，并推动互联网平台交易模式的变革，从而使互联网向“公益化”和服务工具方向发展，就像在类似 P2P 通信与开源软件领域发生的一样，让互联网不再是一种“上帝之手”般的神奇致富手段，而是未来一个令人期待的变化。如果众享智慧得以胜出，建立起去商业化、去平台化的格局，这无疑将让互联网发生颠覆性的变化。

区块链在“虚拟货币”应用中仍有新的领域可以发掘，如果未来能够在科学技术研究领域打造基于区块链的知识货币体系，将可能对推动科技发展产生变革性影响。相对比特币而言，知识作品、科技成果和知识产权是一种高价值的数据，基于知识产权与科技成果数据设计的“知识货币”可以被赋予真正的价值，区块链技术和比特币机制的借鉴使这种“知识货币”的发行与流通在未来具有可行性。如果一个发明者申请到专利，通过某个知识货币发行运营体系，他可以获得一定金额的知识货币，而随着这种专利的推广应用，知识货币将可以在流通中得到增值。在知识货币体系中，类似《自然》《科学》杂志或者一些高技术研究机构可能成为高价值“知识货币”的发行机构，科学家们也许可以从发表文章或者申请专利中获得“知识货币”，并从文章的引用或专利的采用中获得“知识货币”的增值。当然，知识货币的建立并不意味着它将成为取代国家信用的货币，只是作为一种可行代币形式，能够在推动科学技术发展的领域显现出强大作用。

如果基于区块链技术的“知识货币”体系可以在科技研发领域得到更广泛的应用，更多的科学家们不再像过去穷其一生，徒有虚名，而可能直接成为“知识货币”财富的创造者和拥有者。同样地，诸如文学、新闻学以及其他社会科学等领域，也将可能成为“知识货币”的应用领域。相对比特币而言，“知识货币”具有的价值性不言而喻。建立“知识货币”体系并推动其使用，将可能意味着一个国家拥有强大的科研技术和知识创新实力，科学研究可以更快、更直接地变成智慧财富，尤其对于基础科学研究者来说将是一个前所未有的推动，也将意味着一个新的“智慧时代”真正来临。

1.5　集中式与分布式管理

集中式还是分布式，这是互联网企业经常面临的一个资源部署方式问题。类似许多电商平台、内容网站的集中式运营管理，所有商业规则高度统一化，资源管理一体化，让人感觉互联网企业似乎天生是一种集权统一管理的模式，而许多互联网化的中小企业显现出良好的市场能力和创新活力，许多互联网创新企业的销售组织、营销资源呈现出分散化特点，具有自我循环和闭合管理能力，又让人感觉互联网天然适合一种分布式、小微式管理。到底是走向集中式管理，还是分布式管理，成为很多企业在互联网挑战中所面临的困扰。

集权管理还是分权管理，是管理学领域一个永恒的矛盾。在企业走向互联网化的进程中，集权与分权也经常产生分歧，我们来看下面的几个场景。

场景一。一家企业为了拓展互联网市场，把公司的互联网业务分成多个独立的子公司，对这些子公司充分授权，灵活经营，推动子公司与外部资本合作，各自独立对外拓展市场。公司希望通过充分授权的管理思想，激励子公司内部创业。这一方式运营数年，公司发现除了少数子公司有起色外，整体上公司互联网业务经营起色不大，未充分形成规模经营效应，用户经营比较分散，形成多头对外的问题。

场景二。一家企业为了拓展互联网市场，把公司的互联网业务由一家子公司统筹负责，由这家子公司统一负责推广渠道和用户收费，子公司内设多个事业部，每个事业部负责一个板块的业务和各自平台建设，公司互联网业务实行免费加收费的搭配方式，明确哪些是免费业务，哪些是收费业务，并基于大数据的关联推行搭配销售。这一方式兼顾统一与分权，公司通过客户经营形成较大的共同客户群，在各自业务和平台创新上具有一定的灵活性，但由于各自业务平台独立，经常出现连接不畅，同时各部门都抱怨对自身板块价值分配不够，希望从总收入中获得更大利益分享。

场景三。一家企业为了拓展互联网市场，成立一家平台运营公司和多个业务子公司，平台运营公司负责建设和管理统一的网络平台，各个业务子公司负责向平台公司提出各自的业务需求、客户收费方式，各自负责各自的业务推广经营。这一方式兼顾了后台的统一性和前端的灵活性，但前后端的协调是大家经常抱怨的问题，前端业务部门经常反映后端平台部门效率慢，提出的系统需求难以得到满足，后端平台部门抱怨前端不注重平台统一性，提出的系统需求过于奇特。

对于一些希望在互联网市场上拓展多种业务的大中型公司来说，互联网是个产品、客户高度关联的市场，它们首先面临一系列的集权和分权管理问题，包括如平台建设、运营是统一还是分散，用户收费、推广渠道是统一还是分散，每一个问题对企业管理而言都是一把“双刃剑”，并存的弊端和优势常常迫使企业管理者面临决策摇摆。

所谓“兵无常势，水无常形”，也许在互联网市场上并没有固定成功的模式，无论何种资源组织方式，需要与企业的资源优势和市场特性结合起来，而这取决于企业管理者对自身管理企业和面对市场的敏感性，找到市场与企业连接的最佳资源配置方式。

一些较大规模的集权式集团企业把自己分裂成多个独立核算、分布式管理的小单元，这显然是企业被许多互联网小型电商、创业公司显现的活力所吸引。在小微化的过程中，企业首先面临的一个问题是外部效应内部化和内部效应外部化。企业不同单元原来的行政式的内部关系更多地变成一种市场化的经济结算关系，这固然会驱动外部市场化机制深入企业内部，但处理这种关系涉及较为复杂的内部成本结算，会由此带来管理效率损失，甚至可能会使企业内部流程变得难以捉摸。要制订合理的内部利益结算标准并非易事，企业不同单元可能为此花费许多时间讨价还价，就像企业与外部客户之间一样，这还可能加深各个企业单元之间的矛盾，甚至有时候使企业流程和目标在这种讨价还价中变得不可捉摸。平台的裂化成为企业分布式管理在互联网时代面临的另一个常见问题。尽管大多数企业集团建立了统一的 IT 系统部门，然而由于各个小微单元在销售体系上相对独立，要真正形成一个能够相互引流、用户共享、支撑大数据营销的平台并不容易。在分布式管理的企业集团中，缺乏统一的用户管理网络平台成为一个常见的缺陷。

“统”还是“分”，最突出的矛盾显现在销售渠道环节。无论过去在实体渠道上还是如今的线上渠道上，这一问题都困扰着许多企业。多数企业集团都在一定程度上实行多元化经营，建立统一的渠道有利于管理和提高渠道利用率，但渠道需要能够适应销售不同产品，而分散的专业渠道有利于专业产品销售，但渠道利用率不足和分散成本较高。20 世纪末国内著名的电脑厂商实达集团在多元化经营中曾经在麦肯锡的操盘下，将各项专业分散渠道合并，建立统一销售渠道，然而企业由于不能适应这一变化很快陷入困境。相反，由于统一渠道的臃肿和销售能力限制，企业在多元化进程中另辟专业化渠道的例子也不少见。

如今互联网渠道面临同样的问题，在企业多元化经营时面向客户销售渠道界面上，究竟是打造专业化渠道还是综合性渠道。以社区 O2O 业务为例，市场上既有诸如送餐、美甲、洗车等垂直 O2O 服务，也有覆盖社区综合服务的 O2O 服务模式。当一个企业将多元化模式移植到互联网上，在客户界面上是采取垂直服务模式还是综合服务模式，成为今日许多企业集团的互联网渠道管理的一个困扰。

相比传统实体渠道，互联网渠道在销售上天然显现出更强的兼容性。较强作用的互联网“普遍联系机制”、低成本的迭代式开发模式、用户共享管理加上大数据支撑能力的完善，使统一的互联网平台在交叉营销（Cross-selling）和向上营销（Up-selling）能力更具优势，也使兼容性互联网渠道运营相比兼容性传统实体渠道运营更加容易，渠道兼容更多体现在客户数据、界面的统一，后台运营也呈现出更多的集中性和统筹性。事实上，许多垂直 App 在形成一定业务规模后，便开始着手拓展越来越多的附加增值服务，这本身也是一种多元化方式。

对于追求小微化分布式管理，或者采取多元化独立经营单元的企业集团来说，在互联网上客户界面的分散管理将对其未来发展构成挑战。尽管从理论上看，垂直渠道在客户对象推广更具有针对性，但从整个互联网行业看，让用户在手机客户端上安装数十、上百个各类服务 App 对所有用户来说将是一个噩梦，行业变革有可能会让诸多狭小的垂直市场充满挑战，并可能陷入危机。

由于实体商品销售流程相对简单和统一，在网络实体商品销售领域，类似淘宝等领先者构筑的统一平台已经具有垄断地位。而在服务领域，由于服务模式和服务流程的多样性，市场仍呈现出分散态势，诸多垂直细分市场成为许多竞争者逐鹿的战场。腾讯、淘宝等超级互联网巨头向许多中小网络服务商提供的用户数据登录服务，使互联网上消费者用户数据逐渐呈现出一定的集中趋势，而互联网上各种垂直服务卖家数据仍呈分散态势，这是垂直服务提供商赖以生存的关键信息。未来在服务领域出现类似淘宝的超级统治者，并非取决于对服务模式和流程的统一，而取决于能否将服务卖家的数据统一，也取决于互联网新技术变革。

在伴随互联网服务领域出现超级巨头的行业变革中，互联网技术驱动将是必不可少的要素，包括如 App 功能的云端化、App 功能的简化、互联网智慧化的需求响应模式等。我们来看一下现在需要某种细分服务的场景。

我们需要代驾或者送餐服务，于是我们去百度或者手机软件商城、软件空间中搜索，看看哪种 App 软件下载多、评价好，再决定下载哪一款 App，下载后我们需要在软件上注册，这一注册可能有烦琐的认证流程，软件商还可能要你在平台上开通支付之后才能享受服务，这可能会令你担心支付的安全性，做完所有这一切，你才可能被允许享受第一次服务，当然你也可能在使用第一次服务时就不幸发现，这款软件提供的服务在自己生活区域内还没有足够的 B 端服务提供者注册，比如说你所需要的送餐或者洗衣服务相距甚远。

我们再来想象一下可能通过未来某个超级服务平台享受生活服务的场景。

我们打开一个智能化的超级服务 App，这个云端化的 App 中包含许多你想要的生活服务，你不用再费力搜索 App 功能逐一安装，也不用再忍受 App 频繁升级的困扰。如果你需要租车，你只需对 App 讲“我要租车”，系统将呈现租车服务界面给你，如果你需要别的服务，系统会从云端调入所需要服务的界面。如果租车，系统会与你交互确认你租车的条件，比如租车位置、租车时间、租车档次等，并提供租车比价信息，给出智能化的系统建议，让你自行选择。谁将成为下一个综合、智慧化生活服务的互联网超级巨头，这种超级巨头将扮演垂直市场的整合者，它能够将许多不同行业的卖家数据和买家数据整合在一起。在它背后是许多垂直服务合作者，但它也可能将使大批提供类似服务的独立垂直服务者陷入困境。

互联网作为一个天然统一的市场，更显现出适合资源集中、用户统一管理模式的特点。从某种本质特征来看，在面向市场和用户销售的层面上，互联网呈现的也是统一集中的趋势，而非分布式和裂化的趋势。如果缺乏更为明确的价值诉求或者战略目标需求，企业推进分布式裂化与内部小微化的改革，可能成为一个陷阱。当然，集中统一的趋势并不妨碍个人或小微单元作为创客主体，在互联网空间和平台上发挥个性化、能量化的小微单元角色，但个人和小微作为一个整体，在客户销售战略和方式层面上更加具有集中统一性，这是一个很难改变的事实和趋势。

第二章
互联网熵增与降噪

互联网深刻地改变了世界经济的运行模式，让人们触手可及，纵览世界；让人们思想开阔，使经济更加开放透明，然而随着互联网信息的爆炸性增长，互联网又成为一个充满噪声的市场。作为一个复杂的生态系统，熵增效应与降噪挑战成为互联网未来发展面临的挑战，任何一种互联网商业模式的成功，都必须为互联网带来熵减效应。

2.1 熵增效应的“死寂之剑”

熵（Entropy）原本是热力学中一个非常重要的参量，也是一个让普通人很难理解的概念。1850 年，德国物理学家鲁道夫·克劳修斯首先提出这一概念，用来表示任何一种能量在空间中分布的均匀程度，能量分布越均匀，熵越大。根据热力学第二定律，一个孤立的系统熵值总会增加，出现“熵增”现象。一个孤立系统中的能量差总是倾向于消除的，热物体将变冷，冷物体将变热，最终系统中不再有热能交换，达到一个热寂的状态，此时系统熵达到最大值。

1877 年，玻尔兹曼在研究微观粒子时进一步指出，任何粒子的常态都是随机运动，即无序状态，如果要让粒子有序化，必须耗费能量，没有外部能量输入，封闭系统会趋于混乱，熵值会不断增加。熵用作衡量体系的混乱程度，在控制论、概率论、数论、天体物理、生命科学领域也逐步得到应用，爱因斯坦曾将熵定律称为科学定律之最。

自然界的熵增原理和热寂现象，曾经在科学界、哲学界和社会学领域都引起巨大争论，因为这呈现了与凯文·凯利在《失控》中描述生物或社会自发从无序到有序相反的一个状态，即在自然状态下如果没有外部能量的输入，系统会从有序变为无序，直到“热寂死亡”状态，由此得出的一种悲观的结论是，自然界的熵增现象可能意味着宇宙作为一个系统最终走向死寂的状态不可避免。美国后现代主义作家托马斯 · 品钦曾经写过一篇《熵》的短篇小说，描述了人类社会面临的这样一种熵增悲剧：大量产品和能源转化成不可逆转的东西，垃圾越来越多，预示出人类社会在逐步走向一个恶化的热寂死亡状态。

香农把熵的概念引入到信息论，提出了信息熵，它用来衡量一个随机变量出现的期望值，表征信号在传输过程中损失的信息量。1994 年，薛定锷出版了《生命是什么》，此书在生物学研究通过借用物理的语言来描述生物课题，用熵的概念来表征生命活动过程质量，并在生物学领域中提出了负熵的概念。薛定锷提出“生物依赖负熵而生存”，大自然会由有序变为无序，熵代表一种无效的能量，会不断增加，而从外界吸收能量的生物，会减少自身的熵，变得有序，生物新陈代谢的过程是一个负熵过程。

从企业发展的能量效应来看，许多大企业的发展历程实际就是一个与熵增效应做斗争的历程，在这一历程中，又有不少企业通过不断地进行运动式改革或者内部重组，来避免企业进入一种“路径依赖”式的平寂和熵增退化，也就是中国人常说的“不进则退”。这是整个自然与社会面临的挑战，也是许多知名企业面临的最大担忧，就像不少知名企业的领导者都试图通过不断改革来摆脱熵增效应并让企业不断获得新的前进力量。然而，熵增效应同时也给更多企业带来挑战传统市场格局的希望。从某种意义上看，熵增效应既呈现出一种自然衰减力量，又显示出一种内在进步的自然力量，它预示着存续事物的强大不会永远持续，而必将被新生的力量替代。

如果将互联网作为一个系统，这个系统存在的历史并不长，在过去二十年来主要经历了从混沌状态形成初步秩序的演化。门户网站、搜索引擎、电商和各种网站出现，互联网从最初的无序混沌，发展到今天一种看上去更加有序的格局，呈现出一种熵减效应的进化过程。类似 BAT 互联网创新巨头的出现与发展，在互联网系统演进中发挥了显著的熵减作用。譬如在搜索引擎出现前，互联网呈现出更多无序的状态，而搜索引擎让互联网变得更加有序，使在浩瀚的信息海洋中搜寻信息变得更加容易，互联网上的“能量”也更多地向互联网巨头们聚集，而持续不断的聚集能量，是互联网巨头们延续其市场主导秩序的根基。

互联网巨头在今日的互联网秩序中占据着统治地位，并仍保持强大的创新力，他们拥有控制互联网丰富资源的能力和巨大的财富，这是否意味着互联网的秩序将就此延续而难以打破？他们是否也不可避免地会面临能量耗散趋势的挑战？熵增效应是否将催生出互联网新的秩序？理论上看，互联网巨头们自身作为一个系统，如果没有外部能量的不断注入，其生态系统也会面临能量耗散状态的挑战。正如搜索引擎在方便了互联网用户搜寻到有效信息，却又在过度商业化引入太多的垃圾付费信息，很多假冒、欺诈、病毒信息也借此泛滥。同样的情况也发生在处于垄断性地位的电商网站上，假冒伪劣商品、刷单等问题似乎成为顽疾，还有诸多的网络盗窃、网络诈骗问题等。当互联网巨头们在推动互联网创新前进并创造出一个个奇迹，让社会如此依赖互联网时，我们需要正视其中隐藏的熵增危机。

许多互联网平台的创业企业都在渴望在互联网上获得类似互联网巨头们的熵减效应，P2P、O2O 企业都希望能够获得重构互联网的力量，这意味着它们必须依赖创新，必须更多地借助外部资源和能量的注入。“互联网 +”、物联网、人工智能等创新业态的兴起，意味着新的能量注入互联网市场，为互联网带来新的熵减作用，而拥有资源的新挑战者也会伴随自身发挥熵减作用而聚集更多能量。

如果将一个企业作为一个系统，互联网给企业带来的到底是熵增还是熵减作用，是使企业从互联网获得的能量更多些，还是互联网挑战导致企业能量耗散，这是传统企业在加入互联网浪潮中需要正视的一个问题。一方面，互联网给企业带来“有序”的正能量，让用户更加贴近企业，让企业拥有新的行销传播手段；但另一方面，互联网也带来“无序”的挑战，比如容易导致企业员工在工作时间在互联网上消耗时间、产品信息和商业机密泄露、企业人才资源更易外流、企业实体渠道面临萎缩等挑战。

从传播信息的角度看，互联网上的熵值意味着一种“信息噪声”，这种“信息噪声”是无用或副作用的信息，它导致互联网呈现无序，使互联网呈现出熵增效应。基于熵增理论的判断，如果没有出现外部创新力量，来降低互联网的噪声水平，互联网也同样逃避不了呈现耗散状态的趋势，“信息噪声”不断增多，导致互联网更多呈现无序的状态。由于“信息噪声”的淹没，真正需要的信息交换将会变得越来越困难，最终将走向没有有效信息交换的热寂状态。

互联网作为一个创新平台，持续不断的创新力量的加入，对互联网系统意味着不可或缺的负熵能量，让互联网更加充满活力。“破坏性创新”或者“颠覆性创新”意味着打破原有的互联网秩序，或对互联网的某一部分体系进行重构，这种打破与重构需要推动降低互联网“信息噪声”，从而为互联网系统带来负熵作用，否则这种颠覆式的创新将给互联网系统带来混乱。

对于企业来说，“颠覆式创新”既是一种机遇又是一种挑战。一方面，“颠覆式创新”给予一些企业挑战现行互联网秩序的机会，不少企业也试图发起一场又一场新的“革命”，成为一轮又一轮互联网创新浪潮中的新力量，越来越多的资本也在成为这股浪潮的驱动力量；另一方面，更多的企业面临着更为现实的“撞网危机”，“生存或毁灭”的危机时刻困扰着这些企业，围绕互联网的资源整合变革成为企业面临的巨大挑战。

从诞生之日起，互联网始终萦绕着邪恶的“破坏式创新”幽灵，这一幽灵就像无所不在的病毒，也许终究有一天我们将面对互联网秩序的崩溃时刻，这种崩溃将导致互联网熵增效应呈现爆炸性剧变，而互联网秩序的崩溃也将意味着全球经济社会秩序受到摧毁。下一次人类的最大危机可能不是来自“核威胁”，而可能来自互联网秩序的崩溃，重构将是一个艰巨的过程。就像股票工具的引入和运用带来资本市场的变革，却也带来 1929 年的世界经济危机，互联网是否将同样面临不可预知的危机？

2.2　信息噪声的“黑色幽灵”

互联网让社会变得越来越透明吗？这是一个看似简单而又并不简单的问题。

从 20 世纪互联网兴起以来，我听过多个专家谈论这个问题。我曾经与一位知名前辈专家认识多年并合作研究项目，这位专家对信息经济社会有自己的研究和理论，他的理论融合了一些经济和哲学理念，他常不遗余力地宣讲自己的信息经济学观点，讲述信息经济与工业经济的区别。我对他阐述的理论中印象最深的观点是信息时代互联网让社会变得越来越透明，社会经济更多地能够进行理性协同，但后来我观察的案例并非如此。

2000 年左右，我在北京一所大学读研究生时，从互联网上看到有专家也谈起类似的观点，那时专家还做了一个判断，认为互联网让世界交流变得更加简单、透明，将使绝大部分中介行业走向消失，比如房屋中介，因为他们的存在主要是利用供需双方的信息，而互联网提供了双方直接交流沟通的渠道。当时我也坚信这种观点应该没错。十多年过去后，我发现北京街头的房屋中介数量不仅没有减少，反而增多。这让我想起 20 世纪末比尔 · 盖茨就曾经对互联网做过一些预言，其中也有不少证明是有先见之明，比如内容为王的预言，但他曾经预言垃圾邮件两年内很快就会消失，这一预言至今未实现。为何会出现这么大的预言偏差？

互联网为这个时代的所有人提供了即时沟通的工具，就房地产中介而言，事实上在新浪网、搜狐网等门户网站和一些房产网当初兴起时，许多人把买房、卖房、租房的需求信息刊登在互联网网站上的房产专区里，一度确实有很多人能够通过这种房屋供需信息受益，房产中介行业也岌岌可危。然而，令当初的预言者料想不到的是，房产中介后来绝大部分生意依赖互联网，借助互联网让他们的生意更加兴隆，而他们却又通过一种特有的方式“摧毁”了互联网上原来曾经存在的买卖交易市场。房产中介的杀手锏是在互联网上制造“信息噪声”！

如果你有足够的耐心搜寻网络，你会发现，互联网上房产网站上刊登的1000条信息中，也许只有一条是真正的房屋供应者提供的，通过“信息噪声”，让买卖双方的信息变得不可琢磨，让买卖双方难以找到真实的需求对接信息，从而在互联网上形成一堵无形的墙，这道墙阻碍买卖双方直接交易。房地产中介们发明了一种“以假乱真”的信息干扰手段，许多中介公司要求每个客户经理每天必须在房地产信息网站上发送上百条房产信息，这些信息绝大部分并不真实，许多是过期的垃圾信息，或者是捏造的虚假信息，目的只是吸引客户给自己打电话，然后“引诱”客户上自己的船。如果房产中介们发现网上出现真实的卖方信息，他们立即会在网上发送大量类似信息，让真实的“信息淹没”。房地产中介们通过这种类似制造信息病毒的方式制造了大量互联网“信息噪声”，为房产买卖双方获取真实信息制造一道障碍，使得大多数客户最后只能掉入他们的陷阱。

如果你是一名正在准备行动的购房者，当你试图通过网络上的售房信息找到真实的房东，从而节省一笔不菲的中介费，你会发现要在这些充满噪声的信息“尘雾”中找到真实有效的房东信息，就像在长江里找到一条白鳍豚或者在四川森林找到一只大熊猫一样困难，因为绝大部分这类信息都是中介公司制造的“噪声”信息。制造“噪声”信息以掩盖真实信息，成为房地产中介这个行业生存并且壮大的一种牟利手段，而问题在于互联网这个自由而又充满陷阱的世界里，却一直欠缺能够有效对付这种“痼疾”的管理手段。偶尔和一个中介行业朋友聊起，他笑道“存在就是合理”，这成为许多人面对互联网世界不得不接受的一个现实。

过多真假掺杂的信息或同类信息可能变成一种网络“噪声”，除此之外，网络病毒和网络欺诈也是网络“噪声”的一种，一波又一波的网络病毒浪潮为网络秩序带来了巨大冲击，使网络“噪声”水平有时候呈现指数级增长，并为网络社会和网络市场带来摧毁性影响。现在和未来我们面对的一个问题是，互联网在给我们带来无数有价值的信息，让我们工作和生活得以受益的同时，也日益成为一个充满“信息噪声”的虚拟空间，而这些信息“噪声”不仅影响交易的形成和价值的判断，还充斥着虚假、欺骗甚至罪恶。互联网世界存在的“信息噪声”是如此之多，以至于经常掩盖了许多真实和理性的信息，在这个充满创新正能量信息海洋深处是泛滥欺诈、钓鱼和病毒信息。区块链技术的出现，使得我们梦想有一天能够更有效消除网络“噪声”，但迄今为止，这一点还未能实现。

“信息噪声”可以毁灭市场，也可以创造市场！互联网作为一个商业交易市场，非面对面交易的特征显然是“信息噪声”泛滥的一个重要因素，它节省了面对面交易所需的交通、商务成本，但也带来了交易的不可靠性，而过滤掉“信息噪声”，解决网络交易的信用可靠性成为互联网商业面临的关键问题。“信息噪声”导致网络上许多交易信息不可靠，用户搜寻真实信息成本被抬高，从而使网络交易成本也被抬高。从“信息噪声”角度看互联网商务模式，我们需要真正理解一个至关重要的互联网商务规则，那就是互联网商务模式创新的关键在于能否帮助用户消除“信息噪声”！

我们姑且可以把网络“噪声”定义为“影响网络用户做出正确选择的干扰信息”。因为网络上有太多的交易选择，并且虚虚实实参差不齐，使用户难以做出正确的价值判断，网络容易沦落成噪声“海洋”。在面对“信息噪声”的困扰中，几乎每一种新的商业模式的诞生实际上与消除“信息噪声”，降低信息搜寻和资源交易成本密切相关，包括一些互联网商业顶级权力游戏者的崛起。然而我们也不得不面临另一个问题，许多互联网商业模式在降低“信息噪声”干扰的同时，又可能在不断制造新的“信息噪声”。搜索引擎帮助我们找到许多需要的产品信息，让我们节省大量的信息搜寻成本，但过于唯利是图的搜索引擎可能又充斥着很多误导、欺骗信息。我们不得不经常面对这样一个荒唐的搜索引擎，当你搜寻一个关于健康生育的问题时，搜索引擎很可能会向你推介可恶的人流广告。我曾经在一次会议上向坐在旁边的一位来自搜索引擎公司的人抱怨，过度的商业化让他们的搜索引擎制造了大量垃圾信息，以至于经常很难查到所需的信息，甚至添加了许多不必要的干扰信息。他不以为然地笑道，你每次搜索的时候把前 3 页翻过去就可以了。搜索引擎公司用提升“信息噪声”的方式来实现商业利益成为众矢之的，也显示出这种模式的“创新”将不可避免面临危机。

现在搜索引擎在某种程度上加强了对信息风险的提示，有的还提供用户信息互动功能，来帮助更多用户甄别网站信息，监管机构也经常组织清理整顿，关停一些恶意网站和清除一些虚假信息。然而，这些远远不够，未来围绕互联网信息的智能甄别和智能分析，将成为互联网创新的一个重要方向，并将显示出难以估量的市场前景。下一代搜索引擎的竞争也许不在于搜索的信息量，除了信息匹配度外，信息的可靠性、验证性和完备性评价将是关键，其实质在于帮助用户消除“信息噪声”，让信息变得可靠实用。当我们将来搜索信息时，搜索引擎将不仅显示我们需要的匹配信息，还需要能够智能化地显示每个信息的可靠程度、可验证性。

广告作为一种传统的信息传播手段，在商品质量信息传播上具有重要的作用。尽管广告的成本投入不菲，但过去媒体广告主要还是作为一种正面的商品质量信息传导。但过度的广告信息轰炸和大量低质产品广告泛滥，也使相当一部分的广告成为一种“信息噪声”，包括过多类似“X白金”式的广告冲击影响了人们对商品的正确价值判断。电子商务兴起后，用户评价信息变成了一种类似原生态的广告，以其交互性、真实性成为不少用户购物时的参照意见。然而，围绕用户评价的信息失真现象也越来越严重，让用户评价也在一定程度上呈现出噪声化趋势。

降低噪声和建立信用是所有电子商务平台兴起和发展的根基。淘宝商城是中国电子商务市场当之无愧的王者，它的商业模式让我们能够通过商品销量、用户评价等信用标识，帮助我们更加全面地了解卖家和商品，从而避免被网络上布满陷阱的虚假广告信息和不良卖家欺骗，让我们也无须再满世界去搜寻产品信息。但同时，淘宝网站上过多的同质化产品也变成了一种“信息噪声”，而为了降低这种“信息噪声”的影响，用户评价和交易数量成为用户依赖的购买方式。另一个更突出的“信息噪声”问题是，多年来对淘宝上假货泛滥的指责一直不断，事实上淘宝上的假冒伪劣问题也困扰很多消费者，包括曾经在淘宝上购物数百次的本人在内。商家不正当刷单行为的增加，进一步使得淘宝上的“信息噪声”问题突显，损害淘宝的商业信用。作为一个时常从淘宝网购的消费者，在多次收到令人失望的网购商品后，不得不怀疑商家信誉是否靠刷单欺骗而来。

天猫的诞生显然是阿里希望在淘宝网站上降低“信息噪声”干扰，让买家能够面对众多商品的选择中减少假冒伪劣商品信息的干扰，从而提升淘宝卖家商业信誉的一种努力，这类似一种分层次等级的服务，通过限制中高端产品的数量，来减少用户在过多同质产品选择时面临的噪声干扰。然而，天猫对于商家信誉的认证方式与淘宝并没有根本差别，主要是提高卖家保证金，加强卖家注册信息、品牌授权信息审核等，对于产品质量性能本身并没有太多监督约束机制，买家也主要是根据以前其他买家的评价和交易数量判断产品的质量和性能。如今，卖家视用户评价、交易数量比产品质量本身更加重要，并采取各种手段经营用户评价和操纵交易数量，让用户相信“数量就是质量”，导致这类过度的客户经营手段掩盖了产品本身的问题，使从天猫买到令人失望的产品的情形也并不少见。

淘宝产品的品牌种类众多，这反而让用户选择面临噪声化，影响用户对精品品牌的判断和选择，许多独立于淘宝的电商都在减少产品种类、走精品化路线，就像类似 1 号店、唯品会这样的品牌电商在降低“信息噪声”上采取的方式。1 号店据说曾经卖得最红火的是进口牛奶，并且为这些牛奶提供了严格的质量监管措施，其“品牌直通车”也受到关注，这是它受到一些用户青睐的重要原因，也就是通过为用户提供了一种信息鉴定的保障来打动用户，这是其区别于淘宝所在。淘宝虽然有天猫来提供所谓品牌服务，但对类似牛奶这种产品，并没有专门的鉴定和保障信息，用户只能依靠用户评价来判断，然而用户评价信息大多是业余水平的，有的说得很好，评分也高，让人怀疑是商家请的托，或者是商家施压的结果；有的将此贬得很烂，让人觉得是否受某种情绪影响，对于需要高质量鉴别信息的产品和用户来说，这远远不够客观、专业。

尽管对于很多低价值的商品而言，淘宝这种买家评价也许足够了，但对于牛奶这种食品来说，虽然价值不高，但人们对产品质量却要求很高，而对于很多价值比较高的产品，专业性的信息鉴定与评测是互联网中消除“信息噪声”，降低互联网交易障碍的必要手段。现在有的用户关注一些专业性的评测，比如对于一些类似手机、电脑等电子设备，各种专业性评测网站受到关注，但这种评测只是针对某一型号的产品，而非针对某一商家、某一网站的产品，即使用户受到评测信息的影响，认可某种产品，也难以判断自己是否能够从某个网站商家处获得货真价实的商品。

经过多年的发展，如今互联网空间中充斥过多的“信息噪声”，已经给互联网信息的传递、交易和使用带来前所未有的障碍，所谓“一朝被蛇咬，十年怕井绳”，用户在与互联网的互动中，几乎每个人都不可避免会尝到被“蛇”咬过的感觉。建立合适的信息甄别和鉴定机制，降低互联网“信息噪声”，从而让用户能够判断信息的真实性、可靠性和价值，也将是互联网许多商业模式创新的立足点。

对于企业来说，如果企业拥有优良的产品，那么影响用户选择你的产品的噪声是什么？消除噪声或者制造某种噪声对你的企业意味着一种机遇？随着大数据和AI时代的来临，网络上的噪声可能在相当长的时间内并不会减少，相反网络“噪声”水平可能随着数据的爆炸涌现而升高，而网络智能水平的提升标识之一将是网络噪声水平的降低，人们将会为了降低网络的噪声而投入大量资金和技术！可以这么预言：互联网将进入一个新的时代，所有推动互联网进步的可持续发展的创新，都将是基于降低“信息噪声”，而所有带来更多“信息噪声”的商业创新，将难以持续。

2.3 智能化降噪的希望与挑战

互联网提供了无穷无尽的信息，但当一个用户在工作或生活中遇到困难，需要找到能够快速解决困难的合适信息，或者需要一些信息为他的购买决策作参考时，他可能发现精准的信息搜寻是一件费时费力的事情。有时候，当我自己或者陪同家人去百货商场或者超市采购一件东西时，我会突然想起互联网上的同类产品也许要便宜得多，事实上也经常的确如此，一个相同品牌、相同类型的产品，在互联网上采购可能要便宜一半，只是采购的货物要送到家里可能需要几天时间。尽管与大多数人想法一样，我并不想完全失去逛逛商场的兴趣，但对于一个希望节省成本的家庭来说，在网上采购可能将使你的生活成本降低 30% ~ 40%，甚至更高。为用户提供各种信息咨询顾问服务，曾经是一些雄心勃勃的企业拓展信息服务市场的一种尝试，比如电信运营商曾经建立的面向普通消费者打造的电话咨询信息服务平台，这种平台只是依靠收取通话费用以及向商家收取一点费用。尽管这些信息平台方便用户查询信息，这类平台背后也往往有互联网信息搜寻作为支撑，但用户永远不能期望太多，平台提供的信息大多时候也有太多的商业痕迹，可能并非客户所需要的。

网络已经成为大多数人生活中的一部分，但无数互联网用户经常充满疑虑，互联网上什么信息是真实的？网络中不断出现传言、辟谣、证实传言、证实传言错误，显示出网络信息从诞生到传播显现出真真假假难以分辨的复杂状态，也使许多人开始对网络上传播的信息越来越持有怀疑态度。在如今的“信息爆炸时代”，我们已经被信息的海洋包围，每天大量未经证实或虚假、欺骗、病毒的信息混杂在真实的信息中产生，并不断传播到互联网的每个角落，这使得作为最大信息系统的互联网存在着与生俱来的脆弱，即缺乏足够的信息甄别机制。曾经看到网络上有一则有趣的报道，一个年轻人在网络上抱怨自己外出住旅馆总被警察骚扰，称警察把他与一个犯罪嫌疑人的身份搞混了，然而网络上很快有人搜出这个年轻人的照片，并把他的照片和犯罪嫌疑人对比，指出他就是犯罪嫌疑人，引来网络对年轻人的一片唾骂。可是不久以后“剧情”逆转了，警方证实确实是搞错了。类似这样的网络事件出现剧情反转，近些年屡见不鲜，有的甚至出现多次剧情反转，最后令人大跌眼镜。

互联网已经为我们提供了发达的信息搜索工具，但信息甄别机制仍然脆弱，我们使用信息搜索得到的信息却鱼龙混杂，让人难辨真伪。虽然搜索引擎增加了诸如用户投诉信息，信息风险提示等手段，但这远远不够，建立更加完善、更加专业的信息甄别和鉴定机制，将是完善互联网系统的需要，也将不断酝酿发展新的互联网商业模式。

一种更完善的信息甄别机制将是建立在更加智慧的互联网技术上，并将帮助我们更加容易地搜索和获取真正所需要的信息。当我们搜索到信息，我们将不仅可以看到用户对相关信息的评价，智能系统对信息可靠性、安全性的评估，我们还可以委托第三方信息甄别机构对我们关注的信息进行核实和查证。一种做法是在某些互联网商业模式中，我们可以建立信息鉴定评测机构，让用户认可这种信息鉴定评测，并且愿意为此支付一点费用，商家也可以为向用户证明自身在网络上销售产品的真实性、可靠性或品质，愿意付出一些费用进行信息认证。另一种做法是让用户能够随时对所搜集的信息，与其他用户进行互动鉴定。当我们搜索所需要的信息，我们不仅可以看到这种信息，还应当可以看到这种信息的可靠性和风险性程度，并且互联网能够对这种可靠性和风险性提供持续的反馈修正机制，从而减小互联网“信息噪声”存在的空间。信息甄别机构背后也有无数用户的支撑，并有一种实时机制在驱动无数用户参与信息甄别，包括专业认证人员的参与。当一个焦点信息被制造出来的时候，周边人士、专业人士的评判将有助于推动真实信息的传播，并阻止虚假信息的传播。

在互联网信息服务领域，如何尽可能地根据客户需求，为客户提供快速、可靠、有效的精准信息咨询服务，帮助客户解决生活与工作中的各种问题，比如帮助客户降低生活用品采购成本，或者帮助客户实时找寻到某个领域最好的专家咨询信息，或者帮助客户解决工作中遇到的信息问题，可以成为互联网上更智能、更高级的信息搜索服务所着力的方向。这些具有更高附加值的信息服务并非只是对原始信息的简单罗列，而是对各种原始信息经过评估、评价的整理，同时对客户自身需求和偏好信息进行分析，从而得出客户所需要的匹配信息。你可以通过精准引流入口，帮助你找到附近最便宜的采购地方和互联网上最便宜、最快捷的采购渠道。你也可以通过智能化的精准搜索工具，搜索到的信息不再是商家按照广告付出得到的排列，而是根据客户需求得到有用信息，也许会根据客户的满意度和为客户节省的成本来收取费用。

网络上有充足的信息资源，但这些信息资源在网络上往往是分散的，网络信息的海量化、离散化也使更加专业化的“信息顾问”成为互联网市场所需。当用户需要在网络上系统地找寻一些信息，尤其是一些专业知识信息的时候，这一过程对许多用户来说是一个令人头疼而又费时费力的任务。网络空间里存在很多具有专业知识的人，尽管网络提供了一些知识共享的工具，比如百度知道、贴吧等，然而在多数情况下，专业人士并没有获得足够的激励机制来分享自己的知识信息，更很少愿意去帮助与自己无关的用户去搜寻并整合信息资源。未来信息顾问的角色将可由互联网的人工智能代替，在人工智能完全成熟前，这一角色具有相当的创新空间。

信息顾问的角色正在应用到许多场景中，比如网络医疗服务。在用户支付少许费用的基础上，网络医疗信息顾问将提供用户一整套信息，比如关于疾病的最专业的知识，治疗这种疾病的医疗资源和医生分布、最新医疗技术进展等。当然网络需要建立一种机制保证这种信息顾问服务是客观、公正的第三方服务，真实的用户评价看板将有助于对信息顾问扮演的角色进行公正约束。

智能化的信息顾问将为用户提供许多便利，为用户节省大量搜索和整合信息资源的时间，并促进信息共享。比如，当我们需要某方面系统专业知识，如基础知识、最近成果等，我们可以在网络上找寻到网络认证的专业“信息顾问”，根据用户评价和代理费用选择有信誉和实力的顾问，这些“信息顾问”将帮助我们搜寻到所需要的信息，并可以按照我们的要求对这些信息资源进行整合，还可以提供诸如信息培训、信息执行等进一步的服务。未来的智能化信息搜索与信息顾问将不可避免掺杂商业化因素，如果商业化噪声太多，智能化也将会不可避免面临新的挑战，去商业化的智能化将成为未来互联网智能化的一个关键课题。

如何保证第三方信息甄别机构的客观性、公正性，是走向商业化的过程中需要解决的问题。当一个企业拥有优质的产品，并试图通过互联网销售和传播来拓展市场，它首先面对的挑战是在互联网辨识影响用户选择你的产品的信息噪声主要是什么，也许是同类产品太多，也许是用户评价，也许是某个产品服务事故在互联网上过度渲染，无论如何，信息噪声无所不在，你将面临的挑战与机遇也将无所不在。当大数据时代来临，我们有机会汇集更多的数据并更精准地加以甄别。这些数据信息很多是离散的，由此在基于许多数据建立的大数据模型中，我们面临更多的数据可靠性挑战，有时我们可能不得不采集更多的数据信息来证明某种数据信息是错误的，但这是有必要的，否则我们很可能发现，某些关键数据存在的信息“噪声”将导致大数据模型脱离现实轨道。

未来的互联网将形成一个层级化而非中心化的降噪机制，这种机制既是互联网“自由市场”自发形成的，也将是一个政府与企业共同参与建立的机制。我们会发现，互联网降噪机制离不开互联网自由市场经济，它也是互联网商业经济的核心，同时其顶层设计也将离不开政府扮演的管制角色，离散化的自由市场机制与中心化的公共政策机制将会组合成一个复杂的互联网降噪体系，以确保互联网体系的有序稳定并抑制熵增效应。

2.4 从信息搜索引擎到信息决策引擎

搜索引擎现在被认为是最具智能化的互联网应用之一，而语音搜索引擎的出现，成为人与搜索引擎对话的初级形式。Alicebot、Siri、小黄鸡、微软小冰这样的聊天机器人出现，又开启了另一种智能信息处理和搜索技术，聊天机器人拥有知识库模型、推理引擎和一定的语音理解能力。聊天机器人的智能不是比较谁的数据库足够大，而是体现学习能力上，这种学习能力不仅体现在知识库的容量大小上，而且体现在对知识的评判和选择。如果机器人只能对知识照单全收，这个学习能力是不完整的，机器人还应拥有知识筛选能力。

聊天机器人的知识从原来的有限知识库中搜索和人机交流中学习，发展到在互联网中海量信息搜索，并通过无数人与互联网交流获取，使得未来融合聊天机器人、语音搜索技术的智慧搜索引擎技术将会站在互联网智能化的高端，而云计算、大数据技术的发展，也会为互联网搜索的智能化提供了新的动力。

未来的某个时候，也许当你再使用互联网搜索引擎时，你不会再面对一个“苍白”无表情的搜索引擎框，而将面对一个有表情的机器人，你告诉“她”你希望找到的信息，或者需要“她”帮助的“网事”，而“她”永远不会对你生气，除非你无聊地要求机器生气或者系统崩溃。网络应用的智慧化将不仅仅体现在搜索引擎上，当你需要刷信用卡的时候，你进入某家银行的网上银行站点时，你可能不再需要面对一个贴满繁多业务种类和冗长规定的 Web 页面，不再为烦琐的注册程序和密码验证焦头烂额。你可能将会面对一个个充满微笑的“智能虚拟营业员”，这些智能虚拟营业员就是现在聊天机器人进化的“高级物种”，当然你可以选择这个物种的性别是“她”或者“他”，如果你对“她”的笑容或高领服饰不满意，或许你还可以让“她”换一副笑容或者“低胸”服饰，不过你的诸如要求她“裸体”服务的无理要求可能会被无情拒绝。这个虚拟的“她”将会与你愉快地交流，了解你需要办理的金融业务信息，并告诉你“她”对你的信息的理解，让你确认每一步需要操作的工作，给你提供满意的在线金融服务。当然，技术专家们也会解决这种服务中的安全问题，包括可能读取你的在线指纹信息或者虹膜信息，并防止这些信息被第三者恶意盗用。

所谓知己知彼，百战不殆，尽可能搜索相关的、全面的、必要的信息，往往是我们做出一个合适决策或者是正确判断的必要条件。一方面，互联网将搜索信息变得如此简单，让跨地域、跨时域的信息搜索能够变得轻而易举；另一方面，膨胀的互联网“噪声”信息让信息搜索过程变得越来越枯燥和乏味，甚至让人们步入歧途。

如今信息搜索是个简单又费力的工作，而做出信息决策需要将相当大的精力花费在搜索到的诸多信息“噪声”干扰上。尽管受到诸多的非议，但从某种意义上看，搜索引擎仍是开启了网络人工智能窗口。互联网搜索仍然是目前实现的最成功的互联网数字化智能，尽可能获取一切相关的信息，是人工智能做出判断决策和思维执行的前提。未来一旦人工智能在全面搜索信息的基础上，衍生出决策判断和执行决策的能力，人工智能将步入一个新的时代。

决策判断是一个复杂的智能过程，“果断”这个词意味着一个人能够迅速做出决策，但之所以是果断而非武断，是因为这个人在思维中对相关判断决策有非常丰富的知识经验的积淀，这种积淀也意味着更多的思考与实践，而思考和实践是通过更为复杂的个体与外界信息交互来实现的。人工智能要在决策判断上更上一层，首先需要借助更多的信息交互过程，比如冗长的学习过程。搜索引擎智能化的交互革命开始，当用户使用搜索引擎的时候，搜索引擎会用更加人性化、智慧化的方式与用户交互，询问你可能需要进一步聚焦的搜索，就像传统的“十八猜”游戏一样，通过一层层尽力剥开与信息决策无关的“冗余信息空间”，并逐步聚焦的信息交互方式来实现搜索聚焦，而非像现在挖矿机一般的搜索引擎，只是向用户推送一大堆粗糙的“矿石”信息，让用户去费力筛选信息。

所谓智能决策，意味着获得的信息能够尽量贴近做出决策判断的各种条件约束，并得出最优的决策结果，当然也许现实中并不存在最优的决策。在漫长的生物演化中，自然赋予人类的决策智慧使得人类能够拥有其他生物所没有的信息决策能力。尤其是所谓聪明的人，这些聪明的人往往拥有更强的隐藏信息的收集能力，并且能够将这种看似无关的信息与所需要决策的问题建立起合适的逻辑关联，并能够在决策执行中强化这种逻辑关联，从而能够做出满足尽可能多信息条件约束，又符合客观信息环境的正确决策。

机器能否代替人进行决策，这将是未来人工智能走向智能决策的进程中，人工智能技术人员会面临人类学家、社会学家质疑的问题。当然，我们可以说决策权力属于人类，如果我们愿意赋予机器能力代替我们决策，这也是我们人类决策权的一种形式，就像我们决定用抛硬币的方式进行决策一样。机器决策是给人类的一个决策选项，而是否采用和执行机器决策的权力在于人类。对于人工智能的失控风险管控，人类需要在人工智能的信息搜集、决策判断、决策执行等衔接段做好管控，确保这些衔接段的权力由人类掌控，并且需要在决策执行阶段确保预留有效的干预手段来管控风险。

搜索引擎在帮助我们解决人工智能决策的第一阶段问题，那就是搜集充足而必要的信息，但今天过度商业化的搜索引擎给我们带来很大困扰，我们需要耗尽力气过滤搜索到的海量信息带来的噪声干扰，有许许多多我们在决策中不需要的商业信息干扰，让我们的决策可能走入歧途。未来人工智能决策需要一个更加纯粹的搜索引擎，帮助我们更快地找到所需要的精准决策信息，而非基于商业规则来得到大量不可用信息。

在人工智能决策尚欠火候的时候，尽可能利用高端的人类智能共享来弥补这一缺失，有时候我们会在网上提出问题，吸引很多人来帮助答复，这是一种利用别人大脑智力与经验的方式，然后我们结合别人与自己的知识经验来做出判断和信息决策。对于未来的智能决策，我们将会借助无数大脑互联的智联网来帮助我们决策，无数大脑将通过革命性互联技术实现一种革命性的智力共享，智联网中将出现一种类似思维中枢控制技术机制，它能够给这些大脑并行分配工作，形成并行的思维信息流，就像现在的并行计算机系统工作一样。个人可以根据自己的兴趣、能力和得到的物质补偿，决定是否贡献自己的脑力资源参与某个思维决策进程。显然，这也将改变我们的工作方式。我们与上级、同事之间的工作交流方式通过某种面向工作的高级网络技术将把我们的智力思维紧密连接起来，让我们为了某种决策而将彼此的大脑连接起来工作，当然前提是我们在生活和精神上仍然拥有充分的思维自由和价值观自由。

第三章 互联网与企业战略变革

互联网不断推动新型产业发展，让企业成为经济核心角色，同时互联网作为一种技术和生产力因素，对所有企业的商业运营与竞争模式产生深刻影响。企业作为经济活动的基本单元，承载着人类社会繁荣发展的梦想。而互联网的影响已经深入每一个企业，这种影响无处不在，又难以尽言，它的背后究竟是何种深层次的变革，未来的趋势又是什么，是值得每一个人深入探讨的问题。

3.1 互联网：企业生命周期加速器

媒体报道过一个可能不那么精准的数据：中国企业的平均寿命大约是3.7年，中小企业仅2.5年，大企业的寿命也仅为不足8年；而美国中小企业的平均寿命大约是7年，大企业的平均寿命超过40年。随着互联网时代的来临，有数据显示无论是中国还是美国的企业的平均寿命都在缩短。据统计，中国的中小企业的寿命已经从10年前的2.5年缩短到目前不足1年。我们经常看到，互联网领域某个企业以前所未有的速度发展，又突然如流星陨落般退出市场，这一现象背后的一个问题是，互联网是否成了企业生命周期的加速器？

一个显而易见的事实是，企业生命周期缩短伴随着企业数量的增加，一方面，互联网的普及带来创业门槛的降低，尤其是类似淘宝平台的出现，使得许多中小创业企业涌现；另一方面，互联网带来的新一轮财富格局的变化和神奇的创业致富速度，刺激了许多人的创业致富梦想，也刺激很多人加入了创业大军。这两方面的原因使得在统计数据上存在由于量增质降而引起企业生命周期缩短的现象，然而这种现象并不能掩盖另一个问题，那就是许多传统企业真正面临生命周期缩短的挑战。我们看到一些颇具实力甚至是巨无霸式的企业相较以前正在以更快的速度衰落，它们中的不少企业曾经还具有强大的技术和市场创新力，就像被不少商业管理书籍称颂的摩托罗拉和诺基亚一样。

企业生命周期缩短的现象给许多传统经济领域带来了巨大挑战，比如银行业。对于银行业而言，企业生命周期的缩短意味着他们的贷款投资风险增加不少，贷出去的项目可能还未来得及回收，企业已经倒闭了，这也增加了银行对中小企业贷款的顾虑，从而让银行业变得空前的浮躁不安，它们现在比过去更加倾向于把资金投向诸如房地产、个人消费或者证券、债券等投资市场。

由于企业生命周期缩短，互联网时代许多传统的企业成长管理理念变得难以适应，我们会发现过去那种稳打稳扎式的传统企业发展模式变得不那么吸引人了，硅谷那些神话般的互联网速度似乎把日本企业依靠管理，德国企业依靠质量的取胜模式远远抛在了脑后，也使得美国经济在过去十年重新将日本和欧洲抛在后面。我们过去极少见的场景模式在互联网领域反复上演，某项看上去不那么成熟的技术加上充满泡沫式的营销扩张，突然以想象不到的速度变成了聚集财富的收割机，尽管其中还有很多项目最终失败，但在这些失败的案例中仍然有很多人赚取了巨额钱财。许多人对此种互联网造富模式趋之若鹜，许多传统领域的商业人士越来越怀疑自身从事的领域是否值得继续坚持，许多管理学家也对此瞠目结舌，因为这些看上去管理漏洞百出的成功企业与他们研究过的成功企业模式似乎格格不入。然而，对于互联网究竟作为一种什么管理要素，对企业的成长和成功产生根本性影响，大家仍然在不断争论之中。

我们可以看到互联网时代的另一个特点是，少数幸存的企业相比过去有了更大机会获得远远超出过去速度的爆发式增长。网络效应是互联网时代经济学界常讨论和引用的一个名词，在网络效应市场，产品的价值随着用户数增长而呈现出平方级的非线性指数增长，市场规模经济效应相比过去的传统产业市场被急剧放大。具有网络效应的产业，“先行者为强”（First-mover Advantage）和“赢家通吃”（Winner-take-all）成为市场竞争的重要特征。这种效应也在一定程度上揭示出在互联网领域一些企业以超常规速度增长的奥秘所在。过去许多碎片化的市场被网络统一起来，使得互联网实际成为最大的天然“WTO 市场”，这导致市场领先者可以迅速获得庞大的市场，借助互联网又可以更快打破各种市场壁垒形成统一市场，而市场落后者难以在网络统一市场中找到生存的“避风港”。

企业生命周期缩短导致企业创业成功率大大降低，银行投资企业风险加大，而幸存的企业可能出现远比过去快速的高速增长。VC、PE 等创投机制的出现在一定程度上正是经济领域针对这个问题出现的一种自发纠正机制，这是用超常增长的高额收益来弥补企业风险加大的一种赌注。企业生命周期的缩短，对包括如产品管理、人力管理等各个方面也带来很大挑战。比如计算机行业出现的迭代式开发模式，成为互联网时代行业适应需求快速变化发展的一种技术模式。在人力上，企业需要建设一支更加快速的行动团队。

企业作为一个资源整合平台，将人力、资金、设施工具等资源通过管理整合在一起，生产出新的资源。企业的竞争力取决于对这些资源的有效整合程度。一个传统企业的典型发展模式是，企业创立者投入自己和从银行借贷的资金，招聘人员，建立厂房，购买设备与材料，生产出产品，到市场上组织销售，然后利用销售获得的利润扩大人员招聘、场所规模与增加设备材料，再逐步发展壮大。在传统企业的发展过程中，资源整合的过程相对比较慢，需要一个较长的磨合过程，才能实现构建企业的各种资源匹配和有效管理。

一旦形成良好的资源管理模式，企业便能够保持一定良好惯性的发展。这种发展也是一种内生式整合发展模式，然而这种模式在互联网时代面临变革压力。

在互联网时代，我们常常见到的企业发展模式是，企业创立者从天使投资者处融得资金创立企业，然后快速建立一支创业团队，开发产品拓展市场，同时不断融入新的资金扩大市场规模。企业可能实现快速增长让投资者和创业者获利丰厚，或者因为不如人意被投资者迅速抛弃。相比传统发展模式，在互联网时代模式变革中，企业面临巨大的时间窗口压力，其创立和成长过程都可能缺乏管理积淀，内部面临磨合难题，企业难以快速整合有效的资源或者资源运营能力受限，尤其是在后一种模式中企业需要更多、更快速地整合外部资源，即使如此，企业仍然要保持快速成长，以免被投资者抛弃。这将给企业管理者带来巨大挑战，而许多创业者并无充足的管理经验积淀，往往还未来得及克服企业内部磨合难题或者有效整合资源，就已经败象丛生或走向沦落，以至于许多激情的创业者不断被大浪淘沙一般洗刷出市场。

在互联网时代，对一个创业企业来说，如何在市场和资本给予的时间窗口夹缝中迅速成长，是一个巨大的挑战；而对于一个已具市场优势的企业而言，如何在一个产品技术快速变化、竞争对手丛生的市场中快速变身，也是一个困扰。显然，企业管理者需要在内部做出某种变革，而这种变革需要能够让企业快速有效整合资源，并快速应对市场变化。

3.2 互联网化管理精髓：始于、终于、系于客户

很多企业通常习惯于这样一种我们可以称之为“决策树”或者“决策链”的模式：企业最高管理者做出决策，企业人员执行管理决策，逐级向下直到一线人员，然后逐级再向上并向最高企业管理者反馈，这是一条看上去不错的由上至下再由下至上的决策闭环链。而在互联网时代，我们将越来越多看到一条始于客户终于客户的闭环管理链，客户将越来越多成为影响企业管理的“决策者”。

马克斯·韦伯倡导的科层制是企业中最常见的组织架构形式，它是一种有效的企业决策执行体系，能够让企业最高决策者的意志通过层级化传递，执行到基层一线。对于一个已成规模的公司而言，很难想象，如果没有层级制，企业最高管理层的决策如何能够让每个员工执行。然而层级制下建立的管理信息传递机制却有原本的缺陷。许多运营管理信息可能在这种传递中变得失真，尤其当企业内部存在官僚和利益争斗时，而平庸的下属更容易把次要甚至错误的信息渲染加工，从而误导管理方向。信息是决策的基础，企业管理者需要综合各种信息做出决策。事实上，一个不甘平庸的管理者总在与这种层级式的信息传递机制做斗争，以避免自己落入管理“陷阱”或“俗套”中。

他需要花费许多时间通过实地观察、一线调研来掌握更多的真实信息，同时也需要捕捉到更多横向化传递的信息，并基于这些信息根据自己特定的理解做出决策。大多数卓越的企业管理者，正是能够突破层级制约束，在信息观察与获取方面具有出色甚至独到的能力，而互联网将为管理者提供一个新的视角，这也是所谓的互联网管理的重要特色所在。

互联网大大缩短了生产企业与用户之间的信息链条，使得客户的需求信息能够更快速地到达上游。中小电商企业在网络化经营中似乎具有一种传统企业不可比拟的灵活优势，那就是通过用户评价互动能够快速地改进自身的产品，同时用户的在线反馈评价也成为一种重要的客户经营活动，这些企业往往为了每一个用户的每一个评价竭尽全力。这些中小企业可能既是生产者又是销售者，企业内的每个人都可以在线看到用户评价和需求信息，并影响企业的生产、管理决策。对于传统企业尤其是一些大型集团企业，在过去的市场拓展中，他们往往依赖于自身人力资源丰富和雇佣专业市场调研机构等优势，来了解客户的需求，并设计自身的产品和市场策略。然而在网络化经营中，这些传统大中型企业的传统经营手段并未凸显优势，相反这些企业往往由于内部生产流程长，产品种类多，信息传递环节多或者信息不聚焦，下游的产品销售者与上游生产者关注的信息可能并不相同，导致它们在网络时代面临一个艰难的挑战，那就是对用户实际需求的了解和反应速度不如中小企业，这也正是一些企业管理者所关注的，让互联网时代一些小微企业充满活力的重要源泉。

要适应互联网的挑战，传统企业需要打破原来的流程化体系，让最终用户的每一个评价、每一个需求信息能够完整地呈现到企业的各个生产管理环节上，要让用户评价和需求成为企业生产管理者共同面对的“管理看板”，并且能够在内部迅速对此做出反映。也许你的产品并非完美，但一定让用户评价迅速使你的产品变得更加完美。客户评价第一，而非产品第一，将成为互联网时代更多企业信奉的经营信条。可以这么说，如果一个大中型企业管理者能够像一个个体电商的经营者，随时了解到最新的用户评价，能够随时与自身的用户互动，那么可以说这个企业具有了互联网化的经营特征。也就是说，重要的经营决策应当从客户中来，到客户中去。

互联网让企业能够随时随地与客户进行交流沟通，让“客户看板”成为企业核心管理流程的起始点和终结点，这将是互联网化管理变革的一个关键。企业管理者需要从烦琐的日常事务和会议中解脱出来，而把更多精力投入到关注、参与和管理一线客户服务，当然这并非意味着让企业管理者变成一个沉浸于烦琐细节中的客户服务经理，而是需要确保每一项客户服务能够基于互联网形成闭环服务。企业管理者需要能够随时观察到“客户看板”上一线的服务信息，比如用户对企业产品服务质量、产品功能、服务人员态度、服务细节、产品配送等反馈的意见和信息，并及时提炼和总结这些信息，用于改进企业的生产服务流程。

现在大多数传统企业在面向客户层面并未像网络电商一样形成统一的“客户看板”，销售人员销售产品，售后人员提供服务，电话客服中心调查服务质量，这种传统的客户服务方式导致服务信息往往只在一线人员中流转，提供给企业管理层的往往是过滤的服务信息，这种粗糙的过滤与精细化服务的要求并不匹配。在许多传统企业建立的企业门户网站上，即使客户提出意见，给出评价，也往往由于企业流程相对固化，这些评价和意见得不到及时响应。“客户看板”管理意味着企业高层管理者需要像小型淘宝电商老板一样，盯紧“客户看板”，尤其是关注用户评价满意度很低的用户，并确保有监督执行机制提高客户满意度。高层通过亲眼关注参与的“客户看板”管理，确保企业的服务尽量让每一个用户满意。

建立更加智慧化的“客户看板”，需要企业未来打破传统的电话呼叫中心的客户服务模式，而打造基于互联网模式的智慧“客户看板”。这种智慧的“客户看板”应当能够让客户随时做出评价，包括销售产品、配送产品、售后服务、使用产品等过程，并激励客户提供有价值的意见和评价，而所有的管理者和员工都可以对用户实时的意见和建议一目了然。

我们可以想象这样一种“客户看板”管理的场景。

一家企业摒弃了传统电话服务中心，建立了基于互联网的“客户看板”，销售人员在产品销售中引导客户用手机拍下产品上的企业服务导引标识，引导用户快速安装一个精简手机服务软件。用户使用手机服务软件输入客户信息资料、产品配送地址、联系方式等，软件还集成了产品使用电子说明、产品电子保修证和“客户看板”功能，“客户看板”向用户呈现产品服务意见征询，客户可以用语音方式输入对产品服务的评价意见，系统将语音可转换成文本，立即上传到企业客户看板上。某个客户对产品服务评分过低，这一问题立即被反馈到服务人员，服务人员立即给予响应，技术专家也随之给予响应，评分过低的信息也被企业高层管理者直接关注，数位售后服务人员的服务态度因网络评分过低而被警告。根据过去一周“客户看板”客户服务评价的系统统计数据，企业管理层关注到在某个省有多个客户反应产品配送存在问题，指示更换配送企业；多个客户对代理商服务评分低，反映某省代理商乱收费，管理层要求重新选定代理商；一些客户反映的某个新产品功能存在问题被企业设计、制造部门关注并决定采取措施反馈；当天有 10 位客户在使用新产品时提出改进意见而受到企业在线奖励；企业管理层决定亲自与几个具有专业知识的客户在线交流……

用户在线互动评价机制的背后是客户经营革命！

用户在线评价是线上互动优势的体现，这也许可以称得上线上商业的革命性举措。在淘宝之类的电子商务企业成长过程中，线上用户评价机制的建立和创新厥功至伟，同时这种机制也极大地影响了电子商务的卖家和买家的交易行为。许多买家包括笔者本人在线上选购商品时会对用户评价非常关注，这种关注实际上是由于消费者无法对线上商品进行类似线下体验的一种取代，但线上用户评价机制更有超出线下体验之处：一是它汇集了许多买家购买商品后的线下体验经验；二是用户评价汇集的线下体验不仅仅是短期的，而是相当一段时期积累的；三是用户评价成为用户享受售后服务的一种有效保障机制。这几个方面的作用，不仅使线上潜在的买家能够获得商品体验更全面的信息，而且能够享受一种更好的服务保障。任何一个互联网时代的管理者，都应当紧紧盯着互联网上能够直接联络的客户，就像把你的耳朵紧贴电话筒一样，倾听来自一线市场的客户声音，而确保每一个管理者都能够时刻把耳朵和心系于客户，这是互联网化管理的精髓之一。

如今在用户在线评价机制的作用下，线上买家可以理直气壮地选择退换货。类似线上用户评价互动机制，成为线下商业与线上商业竞争中一个不可忽视的问题。你可能对这一场景并不陌生，你在一个商场中买到一件商品后感到不满意，甚至商品出现质量问题，你会忐忑不安，不知道商场会不会给你退换，你也许有 10 个退换的理由，但商场可能有 20 个不退换的理由；或是你好不容易成功退换货，仍然对商场商家的傲慢耿耿于怀；或是你向工商局和消费者保护委员会投诉，把自己折腾得都不想折腾了。缺乏用户评价活动机制，线下商业也会为此失去一个很好的帮助自身改善服务的渠道。你可能会碰到这种场景，出去旅游找寻小旅馆住宿，在找寻的过程中有个小旅店在店中醒目的位置让过去住店的驴友留下签名，你可能会发现这些签名中似曾有你认识的名字，或者是某个类似名人的名字，或者还有驴友留下的随笔留言。这些留言都对这个名不虚传的小旅馆给予了赞美和留恋，你很快决定在这个小旅店住下来，尽管它可能在其他的设施服务方面与你所看过的其他小旅馆并无特别之处。这就是一种类似用户评价的创新给你线下购买选择带来的影响。

对于线下商业来说，要建立起让客户信任的用户实时评价机制并不容易，因为线下缺少类似线上商务平台的客观性，以及真实反映用户评价互动的记录。银行、电信等服务企业建立的常见服务评价机制也许代表当今线下服务评价机制的“最高”水平，它们的服务评价一般就是消费者在接受服务后，可以按三个按钮中的一个，那就是“非常满意”“满意”“不满意”，由此记录的服务满意率成为服务商检视自身服务的标准。在这种服务评价机制下，无论服务商还是消费者从中获取的信息事实上都非常有限。对于消费者而言，可能出于人情世故，掩藏了自身对服务过程的不满，而服务商获得的服务满意度可能只是欺骗自己和世人的数据，同时服务商也无法从这种按钮评价中从用户处获得有价值的信息来改善自身服务。线下商业需要从线上学习到更多东西，比如我们可能看到以下一种创新方式的场景，当你走进一家购物商场，你希望购买一款钻石戒指，或者你对商场中某款钟表感兴趣，但你还在犹豫并未做出购买抉择，你拿手机拍下商品旁边的二维码，你马上可以看到用户对该款商品质量和服务的在线评价，你也了解了更多有关选择这种商品的信息，直到这种评价帮助你做出购买选择。当然要做到这点，线下商家得为自己的每一件商品找到合适的线上“映射点”。

用户在线评价机制在交易市场中的强大作用，使得许多卖家对用户评价的经营甚至超过了对产品本身的经营，当然这也使得有些线上评价变得不够客观。如今，一些线上卖家为了经营好线上用户的评价，不仅采取返利诱惑等方式，甚至采取一些欺骗和极端手段，比如发生过卖家向给差评的买家寄送花圈甚至上门行凶的恶性事件。另外，也有一些恶意的买家借此敲诈卖家。

事实上对于卖家而言，用户评价机制不仅有推动购买和监督服务的作用，而且有容易被忽视的强大的商业功能，那就是根据买家反馈的信息，尤其是不满意的信息，来不断改善商品自身的质量。尽管存在评价不客观的问题，但是线上用户评价互动机制弥补了线上商业体验的劣势，也撼动了线下商城的体验优势，这一点非常值得线下商业学习。用户在线上购买商品的时候，只能凭借自身的有限知识和瞬间感受来体验商品，缺乏先行的用户评价参考。对于线下商业来说，如何建立起用户评价机制，帮助潜在的买家决策购买和获得评价机制后的服务保障，让线下商业变得具有“互动”能力，将是线下商业面临的一个巨大挑战，但这也是一个创新方向。

对于线下商业的经营者来说，如何建立一种有效的方式，让每一个进店的客户享受“线上化”的互动服务，让每一件商品具有“线上化”的互动能力，也是今后线下商业者尤其是大型百货商或者类似商家探索创新的方向。俗话说，“好事不出门，坏事传千里”，避免用户评价的噪声化对所有的企业都是一个挑战，而鼓励更加专业化的用户评价和专家评测将成为一个趋势和创业方向。

3.3　从产品经营到客户经营的变革

华为公司的领导者曾经有一句话在中国被广为传颂：让听得见炮声的人呼唤炮火。作为一家非常优秀的通信设备技术公司，华为以竞争为导向的“狼性”文化由此表现得淋漓尽致。在许多以竞争为导向的企业中，他们最重要的职责是研究对手和竞争，他们设立的企业内部龙头部门如市场或营销部门，大部分的工作内容需要花大量时间去跟踪对手的技术、产品价格和动态，并时刻准备与对手进行“炮火作战式”的贴身肉搏，与对手见招拆招，与对手比价格，比资源，比关系，比速度，比团队，甚至以击垮对手为目标。

竞争是围绕客户的竞争，然而在许多激烈的市场竞争中，人们更多聚焦在竞争和竞争手段上，而客户本身的许多东西却被忽视了，这使得竞争者陷入杀敌一千、自损八百的境地，市场越做越狭窄，客户也逐渐被竞争者误导，过多地关注价格等局部因素，市场可能陷入劣币驱逐良币的困境中。了解竞争对手是必要的，然而在竞争者身上花费时间太多，而对客户了解太少，是互联网时代许多企业最终走向灭亡的一大原因。在创新成为市场主流的互联网时代，客户永远是第一位，客户远比竞争更重要，客户的信息也比竞争信息更重要。不要让竞争者的思路迷乱你的眼睛和牵绊你前进的方向，你的决策方向不是跑过对手，而是紧跟客户，让客户参与你的企业管理与决策，让每一个客户的意见成为你的决策依据。我们越来越多需要的恐怕不是呼唤竞争的炮火，而是听见客户的声音，同时也让客户听到你的声音。

我们正在经历从以市场为龙头到以客户为核心的转型变革！

互联网时代，在强大网络效应驱动下，跟随式竞争和模仿式创新面临的风险越来越大，许多细分领域“只有第一，没有第二”的生存格局意味着同质性竞争将会更多地走入死胡同，而竞争的主流将是独特性的竞争、跨界性的竞争、超越自我的竞争，也将是超越竞争的竞争。创新也将更多是基于客户特性的创新，而非竞争策略修订。眼光紧盯着客户而非竞争者，建立客户经营体系，充分了解客户，透彻研究客户要求和潜在的需求，这是互联网时代企业发展的必然要求。为此你需要建立更加丰富的客户数据信息，不仅包括姓名和电话，还包括更多关于客户产品、客户市场、客户偏好、客户内部结构、客户关系等数据。你需要将客户服务置于全过程管理下，让客户的意见和建议随时显现并传达到你的企业；让客户声音成为企业运营的最高指令；让你的企业的每一个相关服务环节能够随时听到这些声音并给予适当的反馈和响应。你需要延伸客户，尝试做到让客户发展客户，让客户成为你最好的销售伙伴。

客户经营体系必须保持足够的开放性，闭门造车的客户经营体系对企业来说就如同一个僵尸般的职能部门，在尽量多的环节吸引客户参与和开放客户管理，才能打造一个有活力和竞争力的客户经营体系，比如，让客户参与设计，让客户参与运营，让客户参与服务，甚至让客户参与管理。许多企业期望打破企业内外屏障建立“无边界”企业，但往往对这种“无边界”概念的理解过于抽象。企业人财物资源和社会资源存在天然的屏障，一般被视作企业内外边界所在，而将企业内部资源转型社会化运作，将外部社会资源最大限度引入企业，这是不少企业在建立“无边界”企业中所希望做到的。然而我们更应该认识到，客户是最重要、最核心的资源，打破客户资源在企业边界上的屏障，让客户进得来，或者进到客户处，让客户成为企业的一部分，这才是建立“无边界”企业的真正魅力所在。

从产品经营到客户经营的变革，是互联网时代企业经营的一场变革！

你的企业是否具有从产品经营转型客户经营的机制？你的产品是否能够与用户实现更多交互频次并在这种交互中创造价值？传统企业主要围绕产品经营方式为主，不断开发新的产品，进行产品创新，这是企业拓展市场的根本，而互联网客户革命要求企业把客户经营置于更高的位置，在客户经营上不断创新，最大限度发挥客户价值潜力。在这一过程中存在的问题是，许多传统企业连客户数据库都是支离破碎、不成体系的，甚至根本没有用户数据库；有的企业拥有用户数据库，但对于如何利用客户数据库挖掘客户价值却无从着手；有的企业的用户数据库只是用作记录产品保修用，这种用户数据库变成了成本记录库。

互联网客户经营革命要求企业对客户经营的数据能够全面关注与审视，建立起更加系统化的客户价值经营系统，在此基础上，企业需要的不仅是向客户卖产品，还要向客户卖服务，增加与客户的互动性。

互联网意味着一场客户交互革命！

对于多数传统企业来说，当一个企业销售出产品，往往并不希望与用户有多少互动，因为那往往意味着成本。很多企业压根不希望再与用户交流或发生关系，因为大多数情况下，这意味着用户抱怨甚至退换货，也意味着企业要付出可能价格不菲的质量保修或服务代价，除非是产品寿命将到期，企业才会主动联系客户寻求新的购买商机。一些更为成熟或更为优秀的品牌企业显然做出了更多努力，他们往往会在售后至少提供一次征询用户意见或评价的机会。

在互联网时代，企业在客户经营革命中需要做的远远不止像过去那种若有若无的客户交互，提高客户交互频次将是许许多多互联网转型的传统企业所追求的，而这种客户交互将朝着不断提高客户的价值目标前进，让客户交互成为企业寻求不断延伸客户价值和客户生命周期的基本手段。如果一个面向最终消费者的企业不能让自己的产品、客户实现更高频次的交互，那么在互联网时代它将永远处在价值生态的制高点，更不可能成为一个成功的平台。我们不妨把没有通过互联网与客户交互的产品称作“哑产品”，未来对于制造业最大的挑战也是最大的希望在于让“哑产品”不再“哑”！

当你的企业想真正变成一个互联网企业，在向客户卖一种产品或服务前，你首先应当能够成功地向客户卖一次交互！卖更多次的“交互”！卖更多有价值的客户交互！那么如何让企业提高与客户的交互频次并且让这种交互不再单纯的是一个负担，而是变成一种客户价值的增值过程，显然企业需要对自身的产品和商业模式做出改变，比如让自身的产品具有更多交互型的特点，从卖产品转向卖服务，同时探索把自身的产品服务变成一种平台，向客户卖更多的产品与服务。尽管赞美成功者像是一种“事后诸葛亮”般的俗套，但在这方面，我们仍然需要再次赞美苹果公司堪称向互联网转型的典范。苹果公司一方面继承了微软公司和英特尔公司的产品升级模式，就像微软公司通过不断升级自身的产品功能来吸引客户购买，英特尔公司通过不断提高 CPU 的主频，更重要的是苹果公司把原本别人只是当作硬件产品出售的手机成功变成一种可持续运营的服务产品；另一方面苹果创造的 App Store 变成了汇聚别人产品与服务的平台。

互联网的出现与发展也给制造业的许多产品经营模式带来新的变革，这种变革既是冲击也是机遇。从卖产品走向卖服务，这似乎并不是互联网企业独有的，就像 IBM 从产品经营者成功转型为服务商，然而互联网赋予许多制造业更多的交互功能，这给产品经营者带来了更多的机遇。从产品销售走向产品运营，成为互联网时代许多传统产品销售商的梦想。能否以免费或低价的方式提供产品，然后向用户收取服务费或者广告费，成为许多传统制造业的产品销售者转型的方向，也是他们必须思考的问题。

在互联网时代，你可以没有产品，但一定要有客户！你可以没有客户，但一定要有交互！交互将胜过产品！

无论你是何种产品的客户，如今每一天你首先是“互联网”客户。从来没有一种信息工具能够集成如此丰富而又复杂的功能，互联网的意义远远超过电视、广播等。互联网不仅成为汇集无数产品最重要的销售渠道，而且成为一种集成工作、生活和娱乐的超级渠道。人们也由此发现，拥有一个互联网客户，意味着你可能不仅仅可以向他出售一种或几种产品，而是在理论上存在向他终生销售无数商品和服务潜力的可能。因此从某种角度来看，互联网自然是一种跨界经营模式！

企业能否整合资源向客户卖更多的服务，是互联网客户经营的一个关键点。对于风险投资机构来说，衡量一个互联网创业企业的成功程度最常用的指标是用户量。用户量意味着企业可以向用户不断卖更多的产品和服务，尽管许多互联网企业因为没能够持续做到这一点而夭折。拥有足够的互联网用户数量，成为这个时代获取财富的焦点。过去除了服务行业外，大多数行业是采取以“产品经营”为主的模式，即通过创新、有吸引力的产品来带动客户群扩大，而做好客户服务也主要是为了扩大产品销售。

微软公司是产品经营的典型代表，如今以互联网的视角回顾微软公司数十年的经营历程，尽管长期占据世界首富位置的比尔 • 盖茨的辉煌史无前例，但微软公司最大的失败也许在于没有将客户经营置于更高的层次上，在长期统治软件业的过程中，微软公司并没有一个用户账号是真正让用户感觉必不可少的，从而在互联网热潮中失去应有的统治力。在电脑领域，曾经是 IBM 和微软的手下败将，又在微软辉煌顶峰之后走上 IT 顶峰的苹果公司，在客户经营上显现出更强大的创新欲望，将产品经营与客户经营更紧密地结合起来，比如将客户账号、客户支付等工具嵌入产品经营中，整体上客户经营达到了一个新的层次。

互联网呈现出一种客户经营至上的模式，这使得在这场“客户经营革命”的市场运动中，伴随着最终客户地位的提升，传统渠道弱化，这也成为很多传统企业面临的最大挑战。互联网巨头们如今站在了客户经营的最高端，甚至让许多传统产品经营沦为客户经营的附庸。在传统企业由产品经营向客户经营转变的过程中，客户经营不再像过去是一种客户服务，也不再是一种维保成本支出，而是一种持续与客户交互，能够提升客户价值的经营服务活动。在这一过程中，App 成为许多企业争取客户的梦想工具。这些企业不遗余力花费巨资推广自己的 App，梦想能够让自己的 App 永驻客户手机端，并且希望 App 能够帮助自己向客户提供越来越多甚至是无所不包的服务内容。

对于互联网时代的梦想者而言，客户经营中也许存在两种失败：一种失败是当你卖给用户上衣扣子的时候，用户没有再来买裤子的扣子；另一种失败是当你卖给用户扣子的时候，没有成功卖给用户衣服。在互联网时代，互联网用户在消费中显示出相当强的路径依赖，正像淘宝、微信业务上体现的一样，这些互联网产品对用户产生强大的黏性。与具有强黏性的传统产品消费最大的不同是，这些互联网产品能够实现任何时刻、任何地点与消费者交互，很多碎片化时间的利用成为互联网产品的重要价值源泉。

我谈到这里的时候，想起我曾代表所负责的公司与一个能够提供互联网到电话网的 VoIP 语音服务商的交流情景。这个 IT 服务商建立了很大的互联网平台，他们和他们的竞争对手都在竞相向消费者提供免费的 VoIP，他们的对手甚至正准备三年花费 10 亿元推广拨号 App，向用户免费提供互联网语音，然而如何盈利却无从得知。如今这场群起竞逐的“客户革命”正在迎来透支的狂潮。大量的 App 在 App 海洋中沉淀，扔下去的钱甚至没有听到水响声。咨询公司统计，App 的生命周期平均只有 10 个月，85% 的用户会在 1 个月内将其下载的应用程序从手机中删除，而到了 5 个月后，这些应用程序的留存率仅有 5%，而国外有关统计显示，在苹果的 App Store 中僵尸应用占比超过 80%，其中大部分是游戏 App。尽管如此，客户经营革命的浪潮仍然不会停息！

企业的产品和服务资源能够变成面向客户服务的平台或载体？许多互联网企业梦寐以求让自身变成一个互联网平台，让这个平台不仅能够向用户卖自己更多的产品，更多的服务，而且能够向用户卖别人的产品和服务并得到价值分享，建立起互联网生态圈。对很多传统企业来说，在互联网化中，他们想到了在互联网上建立自己的平台，却往往没有想到如何把自己的产品资源变成一个销售服务平台。

让与客户接触的每一个触点都成为企业的产品推广流量入口，成为互联网时代的潮流，包括企业卖出去的每一件产品、每一本使用说明书、每一件促销礼品，甚至每一个产品合格证。我们将越来越多地看到这样一种场景，一个设备企业卖出一台家电设备，这台设备就成为这个企业的一个平台和载体，借助产品上的二维码技术，或者是某种艺术化的彩图码，用户用手机扫描，不仅可以看到链接的这家工厂的广告宣传视频、有关使用说明书、最新的产品技术介绍、维修服务在线指引等，而且可以引导和激励客户采取上述行动，使之成为销售的一部分。

3.4　互联网营销：打破“黑盒子”

营销是把产品与客户需求对接的过程。过去很多营销，如日用品的营销是一种浅层次的对接，有时候甚至是一种一次性简单的买卖，而对于需要优良后续服务或者高质量、耐用性的产品，这种对接过程需要更深入，人们依赖品牌识别和零散的口碑来对产品质量和服务信息做更深层次的判断。在互联网时代，随着产品的服务化变革，连许多日用品的销售都会在线留下服务评价，这些评价会影响到许多人的市场选择。也就是说，在互联网场景下，供需双方的对接通常是更深层次的，而这种深层次的对接使得供需双方希望能够了解到对方更多的信息，而这些信息不再是仅仅包括品牌标识和零散的口碑，而越来越多地包括企业产品和服务的全方位信息。

在传统的营销模式中，对于客户来说，除了产品展现外，很多时候产品后的企业是一个“黑盒子”。同样对企业来说，很多时候客户也是一个“黑盒子”，两个“黑盒子”的需求对接意味着需要花费许多沉没和隐性成本。互联网正在驱动的一种趋势是，让这两个“黑盒子”都变得越来越透明。

对于企业来说，让客户变得更加透明，是互联网化营销变革的必然趋势。现在利用互联网对客户进行精准营销成为一种潮流，互联网精准营销是基于互联网技术对客户的属性、偏好、行为等特点进行精准“画像”，以大数据方式分析和挖掘客户的消费需求，这意味着客户变得越来越透明。许多大数据公司正在竭尽全力建立普通消费者的“画像”数据，尽管这种技术被用作各种推销，经常给消费者带来困扰，但这仍然无法阻挡这种趋势。虽然只是获得类似淘宝网站上的消费者购买和评价信息，实际上背后可以分析出多得多的信息。另外一些互联网数据公司则正在建立企业客户的“画像”数据库，这有助于许多公司对企业客户进行更加全面的分析和整体性的把握。不过尽管企业客户价值更高，但企业客户画像数据变现能力似乎仍然远不如消费者用户，显然在体现企业客户价值的关键信息上，仍然缺乏足够的信息整合，而许多企业仍然缺乏基本的客户画像手段，甚至原有的客户画像信息也是支离破碎，未来这些企业将很难走远。

对于客户来说，让企业变得更加透明也越来越多地成为互联网时代的一种需求。客户在与企业进行的更多交互中，对企业有了更多感知和触点，由此我们可以看到，在电商平台上，许多商家将自己的工厂图片、视频发布在店铺里，一些知名企业也在向客户推介所谓的透明工厂。这不仅仅是企业借此向客户宣传的一种间接式的产品质量保证信息，更多的是与互联网场景下一些消费特点密切相关，如企业与客户的交互频次增多，产品服务化要求提高，客户口碑评价信息传播影响。

透明化意味着信赖与商机，也可能意味着一些私密信息的泄露和可能被不当使用，对此企业和用户都面临着驱动与挑战。对于交易双方来说，自然希望更多地了解对方的信息，而对自身的信息保持一定的保密性。开放与私密的平衡是一种管理艺术，无论怎样，开放性将是互联网时代的一个趋势，我们应当意识到这不仅仅是挑战，也是机遇。企业保持一定的开放性，有助于提升竞争力与平衡，同时也要看到更多整体市场开放性带来的发展与机遇。

在走向打破“黑盒子”模式之外，近些年一些互联网独角兽的出现与成功，离不开一种成功的互联网营销模式：用户发展用户，这种模式已经发展成为互联网营销的一种极致方式。这种模式原来在营销网络模式中同样存在，但在互联网场景下它的兴起不再仅仅是单纯利益的驱动，而是显现出多重驱动因素，在小米、人人贷、拼多多、抖音等诸多互联网新兴经营者的兴起中，都可以发现这种模式的采用。毋庸置疑的是，用户发展用户具有强大的市场驱动力，是任何一个期望实现用户爆发性增长的互联网新业态者首先寄予厚望的利器。

用户发展用户的实质在于，推动客户黏性的网络化。网络化的客户黏性使得用户不仅仅关注产品的功能质量水平，还会关注产品所带来的服务群体化、服务社交化以及伴随的服务群体标签化。从一些互联网商业模式的兴起来看，用户发展用户模式可以分为两个阶段。第一阶段是利益驱动的用户发展用户，是一些“需大投资”商业模式起步的主要驱动手段，大多时候可以让用户量实现快速增长。然而任何一个公司不可能永远“投资”，能否将利益驱动最终变成第二阶段的群体自驱动模式，对很多互联网企业来说，是一个生死攸关的挑战。这一转变有时意味着企业可能给予客户的直接利益会减少，而希望从客户身上获取的直接利益更多。显然这是一个艰苦的挑战，要想客户长期作为一个稳定的群体不断壮大，企业需要建立一种能够让客户黏性网络化、持久化的能力，比如让用户群体自身能够更多交互并产生交互价值，与用户产生更多的心灵共鸣，给予用户更多的服务想象空间等。

3.5 “蝴蝶效应”与战略规划

亚马孙河流域的一只蝴蝶扇动翅膀，通过种种因素连锁反应，可能引起得克萨斯州的龙卷风，这是一位名叫罗仑兹的气象学家提出的著名的“蝴蝶效应”理论。可以先例举一个古代类似“蝴蝶效应”的案例，当年汉武帝组织汉朝军队击败匈奴，匈奴被迫西迁，数百年后对罗马帝国发动战争，迫使罗马帝国最终灭亡。这个案例中，由汉武帝决定抗击匈奴，传递至罗马帝国的灭亡历经数百年。我们再来看看今天网络上“蝴蝶效应”的案例，2008年一条短信从中国某个地方传出，“告诉家人、同学、朋友暂时别吃橘子，近年广元的橘子剥了皮后发现蛆虫……”，这一传言传播仅几天，北京橘子的批发价格下降一半，两个月内柑橘产出大省湖北因此损失达 15 亿元。随后国内发生的抢盐风潮、皮革奶粉等一系列事件，都显示出互联网的快速传播机制给国家经济领域和企业产品经营带来前所未有的变化和影响。

记得 20 世纪八九十年代，中国政府提出要在 2020 年实现人均国民生产总值 3000 美元的目标，这一目标被认为是具有挑战性的，直到 21 世纪这个目标仍然被反复提起，比如摘一则新华社 2002 年对“十六大”的一个公开报道“代表们说，今后 20 年，我国将实现人均ＧＤＰ超过 3000 美元，这个数字和发达国家比起来确实不高，但从中国的实际情况来看，却是一件了不起的事情”，今天我们实际上已经远远超过这一预设目标。“十六大”后是中国经济高速发展时期，也是互联网步入空前快速发展的时期。我无法准确判断互联网对中国经济到底有多大影响，但互联网所带来的信息传播革命无疑让中国人的眼界空前开阔，帮助中国人快速获得全球性的技术和市场信息，这场互联网数字革命一直帮助我们并仍在继续发挥着缩小经济鸿沟的巨大作用。

当互联网把世界每个角落联系起来时，在互联网普遍联系网络下的世界也就拥有更强的能动性，同样的，互联网连接的市场也就充满更多的能动活力。我们不仅通过互联网寻找全世界的商机信息，更重要的是，信息浪潮的涌动让很多市场产生连锁反应。在互联网的助力下，一个新生的企业可能突然以前所未有的速度扩充市场，这正像淘宝、小米这样的企业所做到的。互联网可能把企业产品的负面影响迅速扩大传播，也可能让企业产品推广迅速形成浪潮，如今每一个企业管理者无法忽视互联网显现的这种前所未有的快速市场放大效应。当一个企业没有一款产品通过互联网销售所得到的销量能够快速胜出通过传统销售渠道的销量，也许你可以说这个企业不够互联网化，而当你看到有关一个企业的产品负面新闻在网络上传播数天仍然得不到平息，则显示出这个企业仍然对互联网化的市场环境处于相当迟钝的状态。

在互联网市场中，我们面临更多的可以预见或不可预见的因素联动，就比如美元汇率上涨，意味着石油和黄金可能瞬间就会降价，也可能随即意味着某个国家的国际收支状况面临新的压力；或者是某个国家、某个行业、某个企业可能因为无利可图而难以为继；或者某个热点地区发生战争的可能性加大。“蝴蝶效应”让互联网似乎在市场中变成一个蜘蛛网，一丝细小的颤动将触动蜘蛛网上所有的生命。如今，许多研究者在反复使用复杂的高等数学模型和工具，研究各种看似无关的市场和要素之间的相关性，也许通过某种数学模型可以发现，互联网正是推动研究者做这些研究的重要推动者。

当互联网成为联系一切客户的中枢，并成为构筑世界市场的重要基础，互联网信息流速度的加快对商业模式产生何种影响？这是一个非常值得探索的问题。互联网赋予了市场更多的动能，就像股票市场上一个偶然出现却又迅速传播的谣言，可能成就投资者，也可能随时摧毁市场。

当互联网在联系各种市场又像浪潮一样影响市场本身时，企业管理者发现，在这个互联网时代，面对互联网化的市场中，原来的战略规划手段，甚至一些战略规划变得有些不合时宜了，就像摩托罗拉公司曾经花费十多年制订的宏伟“铱星”计划，20 世纪末仅运营了不到两年便破产了。企业管理者往往要组织团队，花费数月乃至数年的时间制订战略规划，然而面临一个极为复杂多变的互联网化市场，企业管理者可能会痛苦地发现，在互联网时代自己花费心思打造一款引以为傲的产品，却很快被别人模仿，而自身产品的缺点可能会在互联网用户群中以更快的速度传播。

放弃战略规划，显然是一个更痛苦的过程。在花费很大精力制订战略规划，花费巨大成本筹备战略规划执行所需的一切条件，并可能已经付出巨大代价执行战略规划时，很少有企业管理者能够承受对战略规划进行重大调整的痛苦，尽管他可能发现原来的战略规划应该需要做出重大挑战。然而对于一个称职的企业管理者而言，动态调整战略规划成为互联网经济下的一个需求。制订战略——市场互动——改变规划，成为如今企业战略规划更为普遍的一个新常态，而预留变更空间——随时发现变化——即刻调整规划，成为互联网时代让战略规划保持生命力的一个不可缺少的手段。

这是昨天的战略！我们需要新的变化，因为互联网市场在变化！

对于一个高度互联网化的企业来说，它的品牌宣传策划可能整合了昨天和今天的市场信息，而并非仅仅是始终高举数年前的宣传口号，它的产品可能就是基于上个月和这个月的市场需求，而并非数年前产品规划的结果。

战略规划的复杂变化会进一步传递到企业运营的各个层面，比如以战略规划为基础的 KPI 执行体系。互联网化市场的动态变化带来战略规划的变化，也必然带来 KPI 体系和企业内部边界的变化。如果一个企业在数年的时间里，这种 KPI 体系仍然保持不变，很可能意味着这个企业仍然缺乏互联网转型的驱动力，甚至意味着这个企业正在失去对市场的敏感性。类似的，对于许多偏好硬性预算规划的传统企业来说，战略规划方式的变革会让预算管理者面临同样的痛苦。如何让预算规划更加弹性化，并让预算管理适应战略规划的快速变化，也是互联网时代企业管理者面临的最艰难的挑战之一。

互联网时代，没有不变的战略规划！

第四章 互联网与企业活性化管理

互联网时代企业生命周期加速带来巨大挑战，同时互联网电子商务的兴起，使企业运营所需要的生态系统具有快速聚集的能力，企业外部资源系统更加灵活，让企业能够在短时间内聚集所需的资源，但也同时存在风险，企业的外部资源也随时面临较大的调整风险，企业面临的市场也在快速发生变化。外部资源与外部市场的灵活性增加，将映射到企业内部资源与机制上。如何适应形势，建立更加灵活的企业资源管理机制与手段，将是这个时代企业需要直面的问题。

4.1 企业管理的活性化

互联网时代企业生命周期缩短意味着与工业文明时代的不同，大量“速生”型企业涌现。这些“速生”型企业并未像传统工商企业一样经历较长时期的市场摸索、管理积淀和资本的自我积累阶段，大量缺乏管理经验的年轻创业者热情高涨，不断经历创业失败，一部分成为幸运儿得以创业成功。对于这些创业者兼管理者来说，如何让自己创办的企业在创业过程中将学习曲线变得更加陡峭、有效率，让企业能够更快速、有效地整合资源，是这些创业管理者面临的一个关键问题。

企业资源聚集整合与运营磨合毫无疑问是一个系统工程，即使一个优秀的管理者也往往需要较长的时期调研，来对资源调控采取适当直到最佳的管理方式。对于一个速生型创业企业来说，进行庞大烦琐和需要许多细节的资源调控，显然并非一种明智的做法，尽量利用模块式的资源整合是一个可行的做法，也将成为一个趋势，就像现在一些创业企业热衷于到别的公司挖团队一样。模块化管理可能成为这个时代许多领域企业管理变革的一个趋势，这意味着将出现更多的专业化、细分的企业管理服务机构，如人力资源管理、投资资本管理、设备管理、财务管理、采购管理、渠道管理、服务管理等，越来越多的速生型中小企业需要的并非是自己逐步积累这些资源，而是更多地从市场采购这些模块资源，这将产生巨大的市场需求。而越来越多的管理成熟的大企业将有机会输出自己擅长的一部分专业服务资源，就像类似 IBM 曾经通过咨询服务将自己的矩阵式管理模式输出给华为一样，而更多领域的专业化管理服务机构将会获得市场空间。

不同模块资源走向资本化，并以资本为纽带构建速生型企业，将成为这个时代越来越普遍采用的企业建构创新模式。我们将可能越来越多地看到这样一个企业快速成长的场景：一个创业者瞄准某一细分市场决定组织开发某种产品并进行推广，他接洽创投机构获得天使资金，又接洽某一专业化人力资本服务公司，委托招聘一支专业化的团队。之所以称为人力资本服务而非人力资源服务，是因为这家服务机构并非传统的仅仅收取猎头佣金的人力中介，他们负责组建高质量的专业团队，并从创业者处获得一定的股份回报，如果服务的公司对所招聘的人员不满意，他们必须及时更换人员；创业管理者组建团队后，集中自己的经历组织产品技术研发，同时委托专业的薪酬管理机构负责进行薪酬激励设计，委托专业的采购管理公司进行设备与原材料采购，委托广告公司进行宣传推广，委托线上线下渠道服务机构进行产品销售……创业管理者要求这些机构必须提供专业化的服务，能够与公司其他资源适配并能够随时提供模块资源的服务质量信息，管理者可以根据这些信息对各种整合的资源模块进行更有效的控制，而专业的模块服务机构将获得创业企业的资本回报。

近些年不少企业尤其是一些集团性企业在建立孵化创业平台，同时也有很多创业孵化机构提供创业服务平台。事实上这些平台就包括了许多模块化的服务，尽管这些模块化的服务和上述所讲的场景还有一段距离。对于中小企业管理者而言，他们面临的主要障碍是如何将外部资源内部化，从而建立起一个有效运作、有机衔接、流程无缝的公司机体。而对于大型公司而言，如何将自身内部的资源适当进行外部市场化，从而为自身构筑更有活力的产业生态圈，将是这个时代面临的新机遇。我们将看到越来越多的“模块化组合”乃至“魔方式”的企业出现，包括人力、资金、产品、服务、物资等，既可能来自企业内部也可能来自企业外部，我们可以称之为一种“活性管理”模式。“活性管理”模式是一种组合资源和嫁接资源的模式，目的是适应市场快速变化从而整合资源。

在一些企业热衷推行的阿米巴管理模式中，也存在类似的模块管理思想。阿米巴模式同样地把内部资源外部化，通过建立内部核算单元并在不同单元间实行模拟市场化的交易核算，以显现每个单元的成本收益，然而企业也不得不为此花费大量精力进行核算，包括对许多难以量化的工作进行模拟核算，更大的难题在于如何让这些以核算利益为导向的阿米巴单元高效地衔接运营。阿米巴的模式诞生在互联网出现之前，这一模式以模拟的利润收益作为协作分配基础。对于诸如企业的支撑服务部门、研发部门、人力部门、管控部门等来说，要把工作贡献量化成财务数字进行市场化结算是个不小的难题，甚至可能演变成企业内部的“政治博弈”而带来烦琐的协调成本。在互联网时代，阿米巴模式将可能更进一步走向市场化的单元衔接，并越来越多以资本收益方式作为构建纽带和协作分配基础。

企业作为资源整合平台，各种资源的整合和能力建设都离不开内部管理契约的建构，如企业战略计划、流程命令、规范文件实际也是企业内部契约的一种形式。阿米巴模式是以内部市场化结算为基础的契约，“活性管理”更多是以资本为纽带，当然现实的管理契约模式要复杂得多。我们可以将互联网时代的模块化管理思想称之为“活性管理”模式，这种“活性管理”模式建构在各种资源与资本的“组合魔方”基础上。我们将会看到越来越多资源与资本创新组合，同时各种资源的资本化也将达到一个新的阶段，包括管理资源也将进一步资本化。对于越来越多采取“活性管理”模式的企业来说，建立一个适当的绩效评价体系成为必须要解决的一个首要问题。

评价一个企业的绩效有不少工具与方法，比如著名的平衡记分卡（BSC）是美国哈佛大学卡普兰教授和诺兰教授设计的战略绩效管理工具，现在仍被许多企业采用。根据平衡记分卡思想建立的战略地图用财务、市场与客户、内部运营、学习成长 4 个维度来建立企业战略绩效的评价体系。这个绩效体系也反映了对于传统企业的价值衡量原则和基本维度，其中财务指标是衡量一个企业基本价值的最关键也是最基础的指标，而利润和收入是最重要的财务指标；财务指标是相对也是通行标准化、国际化的评价指标。市场与客户则反映了这个企业的市场地位和市场价值，也意味着企业的财务价值从外部市场层面看是否具有持续牢固支撑力。内部运营则是从内部机制效率层面来评判企业价值是否具有内部牢固支撑力，通常这一反映指标存在难以量化评价和标准不统一的难题；学习成长则反映了企业价值增长的潜力，这一评价指标同样存在标准不统一的难题。

BSC 战略绩效评价工具得到广泛应用，然而在对于互联网型的企业绩效评价上，却面临尴尬境地。比如像京东、亚马逊这样的互联网企业都经历长达十多年的财务亏损，从传统的以财务绩效为企业价值评价的基础来看，显然很难与如此高的资本市值相匹配，这一现象在互联网领域比比皆是，尤其是处于孵化期和成长期的互联网企业。在衡量互联网企业价值上，财务指标不再像在传统评价模型中那样成为最关键的指标，而通常投资者更看中的是资源整合能力（或商业模式）、领导者能力、企业成长性与财务能力，而财务能力被视作企业成长中后期阶段的一个重要指标，这样对于企业的战略绩效评价模型建构产生变革需求。

在互联网引导的企业战略绩效模型变革中，对于一个能够走向发展壮大的企业来说，与之相应的企业的管理层次也将会经过几个阶段的变革。

第一个阶段是随着企业资源整合能力的提升，企业走向规范化、流程化的管理，即随着企业规模逐步扩大，企业在产业与市场中聚集资源能力加强，需要通过规范规章制度，完善流程规范，降低管理线加长可能导致过多不确定性的影响，避免陷入长链条、无章法的人治管理中。制度化的管理可以降低企业的运营风险，但也可能带来另一个问题，那就是冗长的制度链条可能影响企业决策管理的灵活性和创新性。我们在许多日本企业中可以看到完备而烦琐的管理制度，这些制度一方面帮助企业快速成长，另一方面却又慢慢成为一种削弱企业市场嗅觉的累赘。

第二个阶段是企业管理的人格化（精神化），即企业在有领导力的经营管理者的带领下，形成一定的管理风格与战略特点，并上升到企业文化精神层面。我们看到许多著名企业都会打上领导者的烙印，就像比尔 · 盖茨于微软，张瑞敏于海尔，任正非于华为一样。而在互联网时代，这种企业管理人格化的印记并未减弱，而成为一个企业聚合与创新的精神象征，就如苹果的乔布斯，阿里巴巴的马云、小米的雷军、腾讯的马化腾等，这些企业被刻上领导者人格化精神的深刻印记，企业领导者成为企业符号，甚至企业的运营对开创性的领导者相当依赖。一个引领企业走向成功的领袖管理者本身会具有“光环”效应，这种光环能够让企业领袖帮助企业获取更多的资源，其形成的“晕轮效应”甚至能掩盖决策错误，在某些时候能够扭转乾坤，让并非明智的决策变成正确决策，然而这并不能保证企业基业长青。双重股权架构和合伙人制度的盛行，实质上让董事会与管理层合二为一，这种制度让企业管理者拥有空前的决策权力，但同时也对企业管理者提出了更大的挑战。这也意味着随着第一代互联网创业领袖退出和第二代互联网领袖走向接班，对于企业领导者的人格特质选择将成为这些企业发展面临的不确定性因素之一。

第三个阶段是企业管理的活性化，对应的是企业成长能力，企业在成长中会被优秀领导者的人格化精神刻印，然而一个企业对于企业领导者形成的依赖并不有利于企业传承，企业需要建立“活性管理”体系，来摆脱这种依赖，并形成适宜企业传承的机制。“活性管理”体系意味着我们需要看到一个能够随着市场的旋律变化，跳出完美舞蹈的企业，而不只是一个僵化组合的企业，我们需要不断对企业的精神要素注入革新和前进的力量。

4.2　企业资源的活性化

企业的某些运营资源是否需要和可以互联网公共化？互联网是一个公共化的平台，它使得企业内部的私有信息也公共化，并进一步导致产品、销售资源的公共化。在这种互联网公共化的冲击下，企业的边界发生变化，不仅包括企业与外部的边界，也包括企业内部的边界。边界的变化推动一些企业集团在内部实行更多的市场化改革。对于那些雄心勃勃梦想站在互联网制高点，要成为互联网生态中某个中枢的企业，他们将面临一个挑战，那就是他们自身运营资源，比如人力资源、产品资源、财务资源等能力是否能够更加互联网式的公共化。这似乎听起来像是传销，但实际并非如此，尤其对于一个成功的互联网平台企业，它的运营资源高度互联网化，许多人员在这个平台上，却并不一定是这个企业的员工，企业与互联网生态系统的界限模糊化，这也正是一些向互联网转型的企业追求的目标，是很多企业在互联网时代追求的境界。

许多企业仍然并不太清楚自身需要拥有什么样的平台能力。淘宝成为许多企业梦寐以求打造的理想互联网平台模式，它自身不卖产品，却有无数的企业在这个平台上卖产品，自身员工不多，却有无数人员聚集在淘宝的互联网生态系统中。在互联网的大浪潮中，也有不少企业怀揣同样的梦想，让每一个人都成为企业的销售力量，让互联网的每个角落都成为自己的销售渠道。事实上，许多企业在互联网上做尝试，比如把自己每一个员工都变成销售人员，像海尔宣布要打造数万个员工微商店；有的希望把自己的每一个客户变成销售人员，采取客户发展客户，对客户向他人推荐产品进行返利等；有的更希望让企业可能接触的一切人员变成自己企业的销售人员，像阿里巴巴的淘宝模式在这方面算是创新先驱者。

曾经有位咨询公司的 CEO 说过一段话，我希望大家跟着我们一起见证，我们预测未来会是运营互联网化阶段，所有的企业都会成为互联网企业，企业将把客户关系、供应链关系、员工的协同，甚至企业内部很多的技术研发等全部放到互联网上，通过互联网的方式进行运营。许多企业管理者也真切地感受到互联网给企业管理带来变革的需求，但这种需求到底是什么，大家仁者见仁，智者见智，很难有统一的答案。互联网究竟对企业内部带来什么变革影响，企业的内部组织架构、机制设计等需要做何种变革，这是企业在实施面向互联网的变革中让人更加困惑的问题。

在讨论这个题目之前，我们先来看以下两个产品的发布会场景。

场景一：一家大型知名企业召开一场非常隆重的产品发布会，邀请政府官员、明星和知名人士参加，多个电视台和新闻媒体记者参加，全场星光灿烂，灯火辉煌，知名主持人出场，企业领导、官员、嘉宾、合作伙伴轮流讲话，明星代言人和模特高举产品表演走秀，台上霓虹灯与闪光灯交互闪烁。某个开关按下，或者一大堆人剪彩后，投影屏幕上出现某个产品华丽的宣传广告。领导者与来宾一一握手，企业媒体宣传部门将拟好的宣传稿发送各位媒体记者，然后赞助电视台播放新闻广告……

场景二：一家新兴企业举办一场隆重的仪式发布产品。企业邀请了明星代言人和许多互联网媒体，企业动员参加的明星一早就在自己的微博、微信等上千万粉丝圈发布产品信息，加上赞美评论，动员粉丝抢购，产品信息链接到产品购买网页或某个 App 二维码，台上大屏幕显示产品抢购数量。当然按照这家企业媒体宣传部门的要求，这个数量很可能不是从 0 而是从 100 万或者 300 万开始计数的。某位明星在现场出了一次“大糗”，比如摔倒，另外一位明星爆了一个大料，当然这也是设计好的安排，企业签订的广告合同是按照曝光度和现场抢购量付钱的。发布会邀请网络粉丝联网互动，并进行现场抽奖，主持人问粉丝是要明星签名还是要价值数千元的产品，很多粉丝踊跃而又犹豫，终于有一个“聪明”的观众出现，她要明星签名的产品……

这两个发布会显现出不同的特色，场景一的发布会我们常见的，也是现在很多传统企业常做的，企业媒体宣传部门已经习惯于这种场景并尽职责地做好发布会的每一个细节安排，唯恐出现一丝纰漏。场景二的发布会是随笔演绎的一个发布会场景，这个企业的媒体宣传部门更有市场营销的意识，把广告发布会与现场营销推广紧密结合起来，显然这是一个更为互联网化的企业，它做到了传播即销售！

互联网让企业与客户的触点不再是链条式，而是立体式，企业的每个层面，每个环节都需要围绕“客户看板”，用户的声音直达企业的各个环节，而企业的销售界面也在演变，同时互联网作为一种高效的沟通工具和流程工具，能够让企业与用户的互动深入企业内部各个层面，从而改变企业的内部管理边界。

传播即销售，广告宣传部门与营销部门一体化，这一点在互联网领域已经变得非常普遍。如果你某一天在新浪、搜狐这样的门户网站上发现一个没有链接产品在线购买的页面广告，这家做广告的企业很可能是一家沿用常见的职能制组织架构的传统企业，其广告宣传部门可能并没有做广告时要关注在线产品销量的要求。在互联网上，点击广告就可以购买，而当你对比互联网上广告销售方式和电视台的卖减肥产品广告，或者是广播电台的卖药广告时，主持人声嘶力竭叫喊赶快拿起你的电话拨打 ×× 的场景，就会明白互联网已经在改变企业的广告和销售两个部门的边界，将广告和销售天然地合二为一了。

互联网改变的还不止这些，互联网把销售界面推进企业内部的每一个环节，服务与销售也在融合。如果用户有产品服务问题与卖家互动，很多线上商家的服务人员会向用户推送一个新产品广告，更加智能化的方式是向用户推送一个曾经购买过的产品的配套产品的广告。显然，互联网方式的服务让我们能够与客户更好地互动，这种互动是低成本的，既然如此，我们为何不让这种服务充满更多增值功能，帮助我们销售更多的产品。

当用户通过众筹方式参与产品设计和试用时，设计即销售。这也是互联网给我们提供的新便利，而在能够利用互联网之前，要让用户参与产品设计这一过程成本非常高昂，又充满风险，因为如果没有互联网，无论在地域还是时域上，要把一大群有兴趣而又有一定专业知识的用户集中起来设计产品，几乎是不可能做到的。

利用互联网与用户交互成本低的优势和便利性，实现互联网化转型的企业能够让产品更加靠近用户，也能够让用户更加靠近产品，让用户信息能够更快地影响产品与决策。互联网也为企业的产品试错提供了更快速的市场反馈渠道，通过互联网销售试用，让用户参与试用评价，企业就不会再把设计失败的产品大范围推广。

移动互联网技术兴起，我们将迎来另一场营销革命，产品即渠道！当你买到一张桌子，你只要扫描产品上的二维码或者类似的标志，便可以很快在线购买配套的椅子；当你买到一袋大米，你也可以扫描包装上的标志，在线购买一袋面粉。产品即渠道，意味着互联网技术的发展让企业的产品能够增加与用户的互动性能，并能够发挥类似销售渠道的载体功能。

手机终端在线购销系统的普及，让客户发展客户成为一件非常简便的事情，客户即渠道！移动互联网让客户购买过程变得非常简单，基于手机客户端上的在线购买、线下客户参与推介也变得越来越普及。

在向互联网转型中，看看你的企业能否做到以下几点。

宣传即销售！

服务即销售！

设计即销售！

产品即渠道！

客户即渠道！

无论企业内部边界如何变化，关键在于客户需求反应速度是否提高。互联网的普及，使得各种产品市场的信息透明度大大提高，这样意味着卖家或者企业可以很快搜集到某种产品的最新信息，并且很快复制类似产品。知识产权问题在互联网时代似乎显得更加突出，尤其在知识产权保护不怎么给力的国家和地区。事实上在互联网时代我们看到同类产品竞争非常激烈，并且更新换代的速度都很快，不像在早期信息传递不畅通时，人们很容易通过一种开发新产品攫取超额利润，甚至在某一局部地区利用伪劣产品谋取暴利。我们面临一个信息高速传递的时代，而且这种信息传递速度达到了全球化的即时性，在这一过程中许许多多的信息传递速度极慢的“信息孤岛”消失了。

企业所能获得的上游产品供应信息速度大大加快，同时获得的供应信息量也更加全面，这意味着企业可以更快地安排订购物料，并借助多方位的供应信息选择优质低价的供应物料。互联网成为主销渠道使得企业到达最终用户的产业链条缩短，客户需求信息的传递速度也随之大大加快，互联网也给企业与用户的需求互动提供了便利通道，这给企业在互联网时代提出了一个挑战，即企业能否在互联网时代有更快的市场反应速度。产品生产和客户需求的“信息”比赛速度，给许多企业带来艰巨的挑战。一个显而易见的事实是，互联网时代企业崛起和消失的速度也要快得多。过去，要建立一个全球性的大跨国公司往往需要数十年甚至上百年，而今天我们更多地看到了一些诞生不久的企业短短几年间成为行业巨头，就像小米手机似乎在一夜之间冒出来一样。一些历经多年发展、声名显赫的行业巨头也可能很快沦为出局者，就像曾经被多家品牌机构评估品牌价值数千亿美元的诺基亚面临的悲剧一样，事实证明几千亿美元的品牌价值就像一个“数字幽默”，并不能改变诺基亚被微软收购并退出手机市场的结局。

互联网对公共消费品市场的冲击远远大于对专业性市场的冲击。在公众消费品市场上，企业如今可以通过互联网获得更充分的信息，包括产品制造信息和客户需求信息，而在专业性产品市场上，一些企业拥有独特私有信息，使得其保持相对更高的利润和面临较低程度的行业竞争，新的进入者在获取信息方面仍然存在一定障碍。这些专业性的市场的销售渠道也可能仍然以线下渠道为主，或者新的进入者可能在获取产品制造信息和客户需求信息方面存在一定壁垒，当然这种局面也可能会逐渐改变，一些专业性市场随着信息壁垒的消失，可能逐渐变成公众市场。GE 公司著名 CEO 韦尔奇早在 20 世纪 80 年代实施的战略转型似乎有先见之明，GE 公司放弃了让其品牌美名远播的公众家电市场，而把主要精力转向医疗、电力、航空等专业设备市场，使其直至今日仍在这些专业领域保持令人生畏的竞争力。在信息化时代，公众产品市场面临的信息传递速度非常快，加上在互联网渠道下品牌传播的快速化，后进入者能够对传统市场主导者形成更快的竞争压迫。日本的家电企业显然没有像美国 GE 一样转型成功，不过它们仍然在上游的关键电子元件产品方面具有相当的市场控制力。

4.3　资源输入的活性化

互联网作为一个生态系统，深刻地改变着我们的经济、社会与生活方式。企业作为一个最小的经济单元，在其自身生存发展中，也面临着互联网这个大系统越来越深入、越来越全面的影响。在探究企业生存发展与互联网的关系中，我们可以将企业作为一个微系统，来研究这个微系统与互联网系统的交互。

一般来说，企业的发展运营主要包括 3 个过程，即企业资源输入、企业生产、企业产品输出。企业从外部筹集生产所需资金、人力、物资等资源，企业在内部整合这些资源并制造产品，然后向企业外部市场输出产品。

互联网首先对企业的产品输出环节产生革命性影响，线上渠道逐步取代线下渠道销售更多的产品，赢得越来越多的市场份额。尽管大多数企业仍然非常依赖线下渠道经营，但随着 O2O 的方式可能发展成为销售主流方式，从整个经济社会来看，我们也许在不远的将来就将可以看到一个经济市场互联网化的结果，线上吸引的客流大于线下，线上的销售额大于线下销售额，而大多数企业也将朝此方向前进。

企业产品通过互联网销售输出，使企业在市场上能够迅速突破地域的局限，在全国乃至全球市场销售产品，并借助发达的物流体系将产品快速配送至各地。当一个企业通过互联网销售输出产品，它面临的第一个挑战是互联网上“噪声市场”的干扰，即一项非常有创意的产品，在知识产权约束并不得力的互联网环境中，几乎也可以很快在互联网上找到同质化产品或者仿制品。这种噪声干扰用户的消费选择，使得用户更多地倾向于跟随销售量“大数法则”和用户评价得分来做出购买决策，即口碑好的产品和卖家可能得以快速获得用户。

从企业生产环节看，互联网在逐步施加微妙的影响。对于下游用户和消费者而言，大多企业生产过程就像一个黑盒子，互联网让这个黑盒子逐渐变得越来越透明，企业要保密一项生产技术更加困难，企业推出的新产品更加容易被快速复制，企业的生产过程面临与用户、市场更加频繁互动的要求，这也让用户有机会更多地了解企业的生产。当然，互联网并未改变一些基本的经济规律，尤其是一些集中大规模生产的企业，这些企业的生产门槛仍然比较高，互联网的渗透并不意味着其他企业能够轻易复制他们的生产过程，很多品牌企业出于知识产权因素的考虑，并不愿意让他们的过程变得更加透明化。

一些深谙商道的消费品线上卖家通过向用户展示企业生产过程中细致的质量控制手段，来作为一种线上的重要促销手段，帮助用户建立购买信心，促使用户做出购买决策。现在这些展示的过程大多数是以图片的形式，也有很多通过动态视频方式展现，问题在于有时候不同卖家经常相互复制，导致买家难辨真假。客观上看，用户对企业生产过程存在希望了解更多信息的需求，以便在做出购买决策前更全面地了解产品质量，但这在过去对用户来说是很难做到的。过去用户只能从电视广告、广告图册中看到类似整齐的厂房和崭新的设备，更多的时候依赖品牌感知来做出购买选择，而互联网为用户掌握产品质量信息提供了更加便捷的方式。在尽力消除噪声的干扰情况下，一些缺乏品牌影响力的新企业可以通过在线展示自身的产品过程赢得用户。我们将可以从网上在线看到自己订制某件消费品的整个生产过程，当然这无论在管理上还是技术上目前仍然有相当大的难度。

企业资源输入环节现在逐渐成为互联网影响越来越深刻的下一个变革环节。基于互联网提供的人、财、物等资源的输入对企业来说变得越来越常见。各种形式的互联网金融为企业注入资金，互联网为人才招聘提供更多便利，包括互联网本身为许多人提供了新的创业环境，显现出互联网在企业资源输入上发挥着越来越重要的作用，这种作用也许将进一步改变企业的发展方式。

相比企业输入环节，互联网在企业输出环节上已经扮演着不可或缺的重要角色，并且形成了成熟的商业链条和生态秩序。基于搜索引擎和门户的引流；基于电子商务的卖家汇聚；基于网络社交工具的营销入口；并且基于这套体系秩序已经形成稳固多样的生态圈。互联网已经成为这套体系秩序的基础。在企业输入环节上，未来我们将可能看到更多的互联网变革，新的商业模式和生态秩序，譬如以下一个虚拟化企业诞生场景。

在某个提供“打造企业”的整套方案的网站上，某个人倡议并提出了自己建立一家企业的商业计划，商业计划得到一些参与的互联网用户的响应和支持，他们通过互联网订立股东契约，并成立无办公室的虚拟企业，他们基于互联网筹集更多的资金，并通过互联网招募员工，这些员工并未谋面，只是通过互联网建立的企业管理系统合作分工，共同向用户提供产品与服务。

我们并不能确定这种完全互联网化的企业组织何时成为现实，但毫无疑问的是，互联网就像一个庞大拥有很多爪子的章鱼，把企业这个微系统环绕渗透，让每一个企业逐渐成为互联网上串起的一颗颗珠子。企业的诞生、发展、成熟、终结都与互联网息息相关，越来越多的企业“起于互联网，终于互联网”。我们已经被互联网包围和渗透，我们需要做些什么来改变自己，不是为了摆脱互联网或独善自身，而是为了更好地融入互联网，让互联网成为企业生长的土壤。

企业从内到外互联网化的全过程中，我们面临一个最重要的挑战是如何让用户成为全过程的一分子。在过去所有的企业流程和 IT 系统中，用户大多数时候是作为一个“外部变量”，互联网化意味着用户“内生化”，用户成为参与企业流程的一个关键元素，介入企业的产品设计、产品制造和服务提供，包括以众筹方式作为企业的员工与用户的双重身份。互联网为企业的每一个部门、环节直接接触用户提供了便利，而企业互联网化的一个挑战是如何让企业与用户有效地互动，让用户成为企业各个环节的众筹角色。

4.4 长尾理论与小微化

长尾理论是美国《连线》杂志主编 Chris Anderson 在 2004 年一篇文章中用以描述亚马逊等新型网络商业模式。在传统商业模式下，由于成本约束的原因，传统企业主要关注 VIP 重点客户，而在长尾效应模式下，企业可以通过互联网与许多中小企业建立联系，这种联系方式是低成本的，从而让企业能够更容易在看上去空间微小的“利基（Niche）市场”中获利。

长尾理论显示出互联网作为一种市场获取工具，发挥了一种前所未有的聚集效应，这种聚集效应将许许多多不起眼的小客户、小企业、小商品、小服务等聚集起来，从而使得原来看似不可能盈利的利基市场变得能够盈利。就像浙江温州人曾经把纽扣、伞、像章、拉链等许多小件产品的制造成本压到令人不可致信的低点，如今互联网有能力把许多物品的销售成本压到神奇的低点。长尾理论让互联网上的小客户、小商品、小服务、小企业在市场中呈现出前所未有的魅力，使这些“小微”产品在互联网市场中以低成本方式获得前所未有的销售广度和最大的销售数量。同时，一些不起眼的垂直细分市场，如美甲、宠物美容等，也成为互联网从业者关注并大力拓展的新型长尾市场。

产品长尾化、交互碎片化、用户分散化，在互联网浪潮中显现出前所未有的吸引力，许多致力成为互联网平台的企业在梦想把自身打造成为一个无所不有的平台，而原来“二八”的商业规则似乎不再那么诱人。互联网市场中“小微品”呈现的前所未有的市场活力，也在推动着一些大型企业的内部边界悄悄发生变革，比如海尔、中国电信推动企业内部单元“小微化”。这一点看上去类似中国 20 世纪 80 年代初期土地改革的联产承包责任制，把企业当成一个大型平台，把内部单元“小微化”，从而希望打造一个类似互联网平台的成功运营模式。

互联网小微市场的活力背后，是许多小微企业的兴起。正是基于互联网时代的变革压力，海尔集团领军人物张瑞敏先生提出了“人人都是 CEO”，并在企业内部倡导建立许多“小微企业”的变革，这一变革不仅深刻影了响海尔，而且在中国企业管理界带来深刻影响。如作为国内最大电信运营商之一的中国电信于 2013 年起连续数年在集团内部掀起所谓“划小”企业改革，在国内电信行业产生很大影响，并在一些地方被其他电信运营商效仿，而电信行业的这一改革便受到海尔创建“小微企业”改革思想的影响。海尔把自身创小微企业推广到整个产业链前后端上，中国电信也在内部把“划小”改革推广到各个部门包括网络运行维护领域。然而不可否认的事实是，尽管互联网给传统企业带来巨大变革压力，尽管互联网对销售渠道带来的变革冲击传导到行业和企业运营各个层面，但在一些产业环节，比如传统制造企业的生产环节，互联网并没有改变规模化生产和规模经济效应的规律，而在电信服务业中，互联网也仍然没有改变网络运营的全程全网和规模经济特性。

互联网给传统产业带来最显著的革命性影响仍然是在销售渠道上，包括打破原来的分层级的渠道体系，使得渠道链条大大缩短，所有的产品制造者通过互联网分销可以直达消费者，同时原来许多“私有性”销售渠道面临“公共化”，而互联网成为最大的公共化销售渠道。迄今为止，互联网对传统产业最大的冲击在于销售渠道，而销售渠道的变革又产生产业连锁反应，从渠道体系、营销宣传延伸到产品制造和产品研发上。小米模式的成功，也正是在于其能够创新地借助互联网营销渠道，充分发挥这种公共渠道的广泛影响力和采用互动宣传方式来推广自身的产品。

与小微化的趋势相反，互联网渠道呈现出更集中性、统一性和跨地域性，而在其他如制造、研发环节上，尽管互联网也是一种常用的工具和平台，但目前尚未从根本上产生颠覆性作用，甚至可以说对现有模式的影响仍然是侧面性、有限的。比如在企业研发环节，尽管互联网成为一个汇集全球智慧，让不同地方的研发人员交流专业知识的重要工具，但在研发管理上，没有一家技术企业真正能够通过“互联网式”的松散管理模式来集成和设计产品，显然互联网化的管理在规模性制造、集成研发方面存在某种天然的不足，如果夸大其作用和影响，把“小微改革”或者“划小改革”推广到诸如制造、研发、网络运营等规模性的工业化环节中，这种管理改革似乎显得有些将互联网理念预计得过于超前，或者在执行中这种改革只是演变成一种类似划分个人岗位责任的小微改革措施。

支撑小微化变革是企业建设的集成某些资源的统一平台。与互联网平台存在本质不同的是，传统企业显然在平台方向和能力构建上要脆弱得多，通过烦琐制度建立的企业平台也并非是一个真正面对最终消费者的平台，而是一个面对内部小微单元的平台，在最为关键的面向用户层面似乎缺乏一种凝聚力，而且复杂的内部结算消耗了企业很多精力，甚至有时面临不同小微单元互相竞争，人为拆台的尴尬。像国内电信运营商开发推广了数量众多的互联网增值业务，但大多时候这些增值业务单元似乎各自竞相登台唱戏，却无人敲锣打鼓。尽管你在互联网上看到众多小草生机盎然的动人场景，但没有大树的遮蔽，小草很快便无法抗击风雨。

在探索互联网化的内部变革中，传统企业面临小微化和统一化的激烈冲突，诸如面向客户分散化，但客户平台与客户管理的统一化；产品长尾化，但产品交互与产品营销的统一化；交互碎片化，但交互体验与交互平台的统一化。尽管小微化的改革在局部地区取得成功，但是小微化的总体改革成效并不令人满意，如一些地方的团队被划小到几乎沦为单兵作战，缺乏应有的团队支撑的协作。在改革中将城乡地域划小成网格，作为最小的经营单元，往往几个人管着一大片区域，有的区域确实经营出色，然而也有很多区域陷入孤立无援的状态，即使花费巨大精力和代价也不见起色。这种管理改革被冠之以适应互联网时代的要求，也许是基于对互联网长尾市场和小微企业呈现的活力的羡慕，问题在于这种改革并没有真正利用互联网来推动管理改革，互联网在其中作为何种工具并不清晰。

互联网上长尾效应显示的活力，并不意味着小微化变革能够给企业带来更大活力。也许这种小微化变革应该只是线下局部的，而非全局性的。如果要问互联网真的改变产业的规模经济效应吗？到目前为止，答案仍然是否定的！也许小微企业面向小微市场具有一定的灵活性优势，但小微市场利薄、成本高，与传统大企业的大市场经营模式难以相容，传统大企业的规模生产、低成本优势很难发挥，也难以支撑大企业转型。

我曾经在电信运营商领域工作多年，与朋友聊起电信运营商的划小改革，我谈了自己的观点。电信运营商的发展前途不在于划小改革，真正的前途在于众筹，在于如何利用众筹方式拓展互联网渠道，换句话说在于如何驱动用户发展用户，这才是互联网思维的所在。比如电信运营商对全国市场进行网格化划小，最多在全国可能有 20 万名一线员工，而全国乡镇级行政区达 4 万名，楼宇数百万计，无论怎么划小都觉得人数不够，最后可能变成单打独斗。

如果电信运营商给予代理商不菲的销售费用，像是销售一个 iPhone 合约机可以得到上千元代理费，用这种费用驱动每一个普通用户代理销售，同时让用户随时随地使用掌上营销系统代办入网，尤其是作为弱势的电信运营商可以更快获得比较优势。在与电信运营商朋友的交流中，我也知道朋友担心这样会冲击现有线下渠道，但这并非没有解决之道，比如可以赋予现有每个实体销售渠道在某个区域内享有利益优先权，通过手机定位功能，确定在这个范围内由用户代理发展用户而获得的收益，线下实体渠道能够提供一些服务比如手机、号卡快速配送，享有一些分成利益，这样可以把两个渠道融合和协同起来。

4.5 颠覆式创新的革命浪潮

作为互联网领域独特而重要的商业模式，免费模式经历早期的业界毁誉不一，争议不断，到后来又被称为“破坏式”互联网创新。最初奇虎 360 公司在国内刚刚推出互联网免费杀毒模式，业界曾经为之惊惧，后来越来越多的免费模式出现，让很多人又似乎感觉免费模式是互联网伴生的一种天然商业模式。免费模式成为许多互联网商业模式初期拓展的一种“撒手锏”，越来越多的行业和企业也都在探索某种形式的互联网免费模式，当然也有更多企业在担心自身受到互联网免费模式的冲击，唯恐跟不上互联网步伐而陷入困境。

《连线》杂志的前总编克里斯·安德森被称作互联网预言家，是免费商业模式的推崇者，在其著作《免费：商业的未来》一书中提到，免费是一种新商业模式，它代表着数字化网络时代的商业未来；新型的“免费”并不是一种左口袋出、右口袋进的营销策略，而是一种把货物和服务的成本压低到零的新型卓越能力；在 20 世纪，“免费”是一种强有力的推销手段，而在 21 世纪它已经成为一种全新的经济模式。中小企业软件开发商 Future Simple 创始人 Uzi Shmilovici 和经济学教授 Eric Budish 共同认为，免费模式的基础是经济学在信息领域的独特边际成本法则。根据经济学法则，在一个充分竞争的市场中，产品的长期目标价格应该等于该产品的边际成本，而考虑到主机和带宽成本的不断下降，现在大部分互联网产品的边际成本事实上接近于零，所以它们的长期价格应该定为零。这种理论是建立在互联网产品是信息软产品的理论基础上，而复制这种软产品的成本近乎零，因此把免费商业视作互联网产品的边际成本法则在商品定价上的直接反映。

围绕免费商业模式的心理学研究也在兴起。Chris Anderson 的《免费》（*Free*）和 Dan Ariely 的《可预测的非理性》（*Predictably Irrational*）两本书都认为可以把免费看成是一个情感热键，这个热键能够迅速地降低顾客的心理屏障，因为许多人都忽略时间的投入，免费让他们觉得没有任何损失；免费是促使人们使用这个产品或服务的巨型加速器，但需要解决的是所谓“一分钱鸿沟”（The Penny Gap）的问题，即人们以零价格开始使用之后，如何说服顾客开始第一次付费，这是免费商业模式中最为艰难的一关。著名的经济学家 Carl Shapiro 在一篇论文中得出的结论，如果用户通常在初期偏向于低估这类体验型产品的价值，那么最好的定价方式是低门槛定价，等到用户意识到它们的价值后再逐渐提价，他还认为一些互联网产品通过提供用户免费体验期，或者在免费功能外提供更好的价值功能，来让被“免费”吸引的用户愿意付出一定金钱购买这种产品。

在围绕平台型交易兴起的关于“双边市场”和“单边市场”的理论中，“价格结构非中性”和“组间交叉外部性”被经济学家认为是构筑免费模式的基本因素。布拉德 · 斯通 （Brad Stone）的关于亚马逊成长的商业传记《一网打尽》中，详细地说明了亚马逊如何以庞大的消费者基数来要挟出版社压低价格，又如何通过“零利润”的打法一步步把巴诺书店的线上销售渠道给挤出去。免费的商业模式在其他领域并非罕见，比如电信运营商常常以零价格或极低的价格提供用户手机终端，而用户承诺在一定时期内绑定使用该电信运营商服务。免费的商业模式显然在互联网领域得到更大的发展空间，并呈现出更加丰富的形式。

免费模式可能并不稀奇，但为何互联网驱动免费模式如此大行其道，这是一个值得分析的问题。互联网不仅仅是把许多分割的网络连接在一起，也更多地把客户与产业连接在一起，为社会经济建立了一种让产业和企业更容易突破范围经济限制的新机制，也许我们可以称之为“普遍联系机制”，而正是这种机制让免费模式大行其道。

普遍联系是马克思主义哲学中的一个名词，把这个名词应用于互联网领域，并非政治哲学，而更像是一种经济哲学。互联网把许许多多的行业和企业连接在一起，包括许多原本关系不大的行业和企业，这意味着许多原来关联性不强的行业建立了更强的“普遍联系”，而原来相关的行业和企业也因为互联网有了更多互动联系。毫无疑问，在促进不同产业融合上，互联网发挥着前所未有的革命性影响。比如三网融合中通信网、广播电视网都向互联网融合、TMT 融合、“互联网 +”融合、物联网融合等都显现出基于互联网的产业融合，不断掀起新的浪潮，也打破了传统产业的范围经济特征。

互联网是一场堪比蒸汽机、计算机一样的革命，很少有其他技术像互联网一样把影响渗透到社会各个领域，包括经济、政治、文化和各行各业，更为关键的是，互联网让许多行业外部效应增强，也让原本不太相关的行业间距离拉近，能够产生信息交互，并推动产业互动，所有的市场都发生一场“客户革命”，即所有人都变成了互联网的客户。作为一种虚拟生活，互联网为用户提供越来越多的服务，如今这种虚拟生活的重要性甚至超过现实的生活，而这些用户有一个共同的名称，那就是“互联网用户”，几乎人人都拥有这一名称。用户与互联网接触的时间也越来越长，互联网把人们的工作、生活、学习都联系起来，让所有人成为“互联网”的成员。互联网对人类生活的渗透和影响也无处不在。

互联网被人类赋予共性的社会意义，人们在不断审视互联网对人性本身的影响，甚至是更为深层次的精神与哲学影响。牛顿发现了万有引力定律，揭示了物质世界的普遍联系真理，马克思把普遍联系理论延伸到社会政治领域，而互联网创造了一种新的普遍联系工具，给人类社会在沟通上提供了“普遍联系机制”，让人们能够得以交流和汇聚智慧、情感和扩大经济交易。互联网也成为个人与社会、个人与自然事物的重要互动平台，尽管我们称之为虚拟世界，但这种虚拟世界对大多数人来说，在很大程度上反映了一个接触更广阔的真实世界，在时间维度上也反映出一个跨度无限的世界。

互联网在网络技术层面为万众互联和万物互联建立了普遍联系机制，而大数据时代的来临，则预示着在数据层的普遍联系机制将得到空前强化。大数据技术成为互联网普遍联系机制的另一个工具，海量的数据是互联网的重要资源，但处于离散无关联的状态。对于许多互联网创业者来说，如何在数据海洋中寻找有价值的关联线索，是互联网创业的关键。越来越多的领域的各种隐秘数据被关联到某种消费机会和消费能力，比如在互联网广告营销领域，有的创业公司已经把用户的浏览页面的内容、停留时间、频次等数据进行统计来分析用户的特征。在线上和线下场景，已经有创业者设计出感知软件，能够通过用户面部细微变化，来感知用户的情绪变化，包括感知对展示商品的关注度和偏好可能。这些过去未曾被关注的隐秘数据，现在被更多地建立商业关联，显示出一种普遍联系机制正在互联网领域被更多地探索挖掘，并展现出越来越多的商业机遇。

一些看似不相关的产业，也通过互联网在更大程度上建立了产业关联，从而使得以互联网为纽带的产业形成规模空前的产业集群，我们也可以称之“产联网”。产联网意味着各种产业围绕互联网为核心构建产业价值圈，我们似乎可以看到一个时代隐隐来临，这个时代的特点是互联网正在日益成为产业价值中心，离互联网越远的产业似乎越来越趋于价值边缘化，类似的，离互联网越远的个体也越趋于边缘化。

互联网变成所有人的纽带，把每个人都变成“互联网”成员。互联网把各行各业紧密联系起来，为各行业和企业建立的这种万物联系机制，让许多行业和企业的客户因为互联网的诞生而“重叠”，原本关联度不大的客户关系产生更多、更强的关联关系。你的客户也成为我的客户，这些客户都有一个共同特征，他们都是互联网客户，绝大部分是忠实的。如果一个行当的客户免费可以带来另一个行当的客户增加，意味着用免费杀死的一个行业可以变成培育另一个行业的土壤，加上低廉的客户交叉获取成本，残酷而又新颖的竞争围绕着互联网不断涌现，旧的市场秩序被摧毁，新的市场秩序破茧而出，这种所谓“破坏式创新”或者“颠覆式创新”在互联网领域呈现出强大生机，并不断形成技术和产业迭代的浪潮。

如今你可以看到，互联网企业者们借助自身垄断平台优势，疯狂扩充各种产品线，用免费的“镰刀”到处收割，摧毁诸多传统产品市场，种上充满希望而又看似渺小的新种子。

像电信运营商们的语音、短信业务成为腾讯发展游戏、广告业务的土壤一样，在免费模式大行其道中，一些利润丰厚的行当可能成为倒下的“泰坦”巨人，变成培育其他行当肥料的“土壤”。奇虎 360 免费杀毒模式摧毁了数十亿元仍以高速增长的杀毒软件占领市场，换来的是自身在导航业务、游戏、广告方面得到少得多的收入。这种用“别人的绸缎做自己的抹布”，看似过于私利的免费模式，也让一些利润丰厚，拥有大量客户群而又技术门槛不高的行业感到岌岌可危。譬如拥有丰厚利润、庞大客户群，而又看上去没有多少技术门槛的金融业，也吸引了众多网络 P2P 金融经营者，他们跃跃欲试，想蚕食这一市场。如果这些互联网平台经营者能解决好风险管控问题，金融业可能迎来新一轮互联网的免费浪潮。

这就是互联网的免费革命！一棵大树倒下，而周边的小草和灌木却因此成长！这正是许多大型传统企业面临的危机！如果你是互联网的新兴创业者，不妨首先思考有可能让你有机会打破突破现有市场威权缰缚的关键问题，是否有一种业务的死亡或者某一行企业的死亡可以成为奠基你企业成功的基础？当你领导一个成功的企业，你需要时刻警惕，你的蛋糕和奶酪是否可能成为别人培养新业务的肥料？当马化腾决定推出微信业务，而原来的王牌业务 QQ 又注定首当其冲成为牺牲者的时候，每个面临互联网挑战的企业不得不有同样的思考，是自我革命还是等待别人革命？

谁将是下一个适合作为免费“土壤”的泰坦巨人？对于梦想挑战互联网秩序的竞争者来说，你如果只是想分食互联网巨头们的奶酪，也许你将永远只是落后的追随者，打破互联网巨头们统治的唯一出路在于改变游戏规则，让巨头们的奶酪成为新巨头崛起的肥料。每一种垄断的互联网商业模式都并非无懈可击，就像搜索引擎的竞价排名和淘宝的竞价排名，也可能有一天因为规则的改变而倒塌。

第五章
互联网众智解构

互联网促进了人类沟通联系，也使每个人的思维与智慧更紧密地与其他人和许多群体连接起来，从某种意义上看，这提升了个体的智慧能力，同时也使个体思维更多地受群体影响。个体与群体的思维关联性加强，产生复杂的联动关系，并深刻影响到互联网经济社会的运作。在互联网时代，如何把握众智，如何看待互联网个体与群体间的思维互联和行为互联，无论对于企业借助互联网营销、推广产品和服务，还是许多希望通过互联网谋职的人来说，都是一个值得研究思考的问题。

5.1 群体智慧与“乌合之众”

凯文·凯利的著作《失控：机器、社会与经济的新生物学》（以下简称《失控》）一度受到不少有兴趣探索互联网未来的读者追捧，尽管这本书相当晦涩，充满难以思辨的隐喻，书名看上去有点像一个长着恐龙头的机器猫，但这并不妨碍这本书作为互联网先驱思想的经典书籍。我看到互联网上有关此书的书评甚至赞誉其隐藏着不少尚未印证的未来预言，这听起来就像读《易经》的感觉。尽管没有几个人看得懂，也许作者根本不管也不想别人能够读懂，因为这样就失去了预言式的神秘感，事实上西方人写了不少这样深奥难懂的书籍，就像《尤利西斯》一般，但这并不妨碍它们被许多人奉为圭臬，而《易经》是这方面的鼻祖，把这种晦涩难辨的预言发挥到了极致。

《失控》中不断提到的蜂群智慧、分布式系统、自治、进化等理念，与许多人提倡的互联网自治、自由精神相吻合，这也似乎是《失控》所要表现出的重要主线之一。

从混沌中萌发，在无序中自由发展，在自治状态中进化，互联网的自由、自治似乎是一种充满理想主义的镜像，它真的能像《失控》中断言能自发地走向一种理性境界吗？这也许是一种丛林主义加上理想主义的互联网哲学，没有应有的秩序约束，可能意味着互联网上形成的诸多交易将是零和博弈，受害者和受益者同样多。

讨论互联网的自由、自治的意义不在于如何管理互联网本身，而更多在于探索这种思想和精神对企业经营管理的影响。互联网自由、自治与日本著名企业家稻盛和夫的阿米巴经营思想不谋而合，这种思想也对中国企业管理家带来深刻的影响。在企业内部建立阿米巴式的自治机制，阿米巴化，分布式管理，让企业的每一个子系统（部门）中拥有高度的适应市场变化的能力，成为一些企业致力追求互联网化转型的目标，尽管这似乎充满了理想化。推动企业内部走向自治、自由，而这种自治、自由必然对企业的战略目标，企业的内部流程、边界等产生革命性影响，但这是否是互联网时代的一个必然要求，仍然只是一个仁者见仁、智者见智的命题。关键问题在基于互联网的自由、自治环境下，作为市场主体的企业，是否真正能够获得一种更自由的境界，让群体智慧达到一种更佳的理性状态。

互联网连接了无数的智能计算机，也由此连接了无数的智慧大脑，从这个意义上看，互联网让无数单个的“大脑”延伸，从而使得基于互联网的群体智慧成为一种社会现象，互联网也成为人类有史以来最大的“智库”，可以说互联网提升了人类的整体智力水平。《失控》一书中曾经描绘蚂蚁、蜂群等简单生物表现出的群体智慧特征，喻示互联网也会表现出类似的生物群体智能，即网络也会有类似蚂蚁、蜂群等群体的生物机制，能够在无序的混沌状态中不断进化，产生一种群体智慧，使杂乱、简单的生物个体在群体中变成理性、有组织的一部分，能够通过互动、共振产生出高级化、有意义的结果。

所谓“独木不成林”，对互联网群体智慧的尊崇已经成为许多管理者的信条。搜狐缔造者张朝阳说“微博提高了整个社会的智商”，海尔领导者张瑞敏先生提出互联网时代企业“管理无领导，企业无边界”，都反映了这一理念。

一个被用来证明群体能在无序中形成自发智慧的例子是：曾经在美国举行的科技、娱乐和设计年会上，一位来自以色列的演讲者将一头公牛牵上台，要求台下观众猜测重量，有 500 多名观众通过手机和网络参与了这个实验，其中最低的猜测是 308 英磅（约 139 千克），最高的是 8000 多英磅（约 3628 千克），平均值是 1792 英磅（约 812 千克），而这头牛的真实重量是 1795 英磅（约 814 千克）。这个例子中，看似杂乱无章的个体智慧得以聚合，偏见相互抵消，错误相互修正，最终呈现出接近准确的平均答案。这个实验实际只是表现人们对比较常见的认识具有一定的统一性，显然基于多数人对“英镑”和“牛”的重量概念有基本的认识。

另外一个案例是一个实验，实验者为迁徙中的蜂群准备了几个木箱，这几个木箱的空间、朝向、安全性、湿度等存在不同，其中有一个木箱最适合蜂群。在实验中，蜂群中进行侦测的一些成员分别进入几个不同的木箱中活动，然后飞回蜂群进行一种形式奇特的信息交流，随后更多的蜂群成员飞向几个木箱进行侦测，最后群体选择搬入大小、环境最适合自己的木箱中筑巢。这一实验显示，蜂群能够在无中心决策的机制下，自发形成一种有序的群体智慧。

以上这些案例和实验证明，群体智慧似乎拥有相当的自治能力，能够在无中心管理甚至混沌状态下向理性状态发展，就像人类社会从原始野蛮状态自发地进化到社会秩序中。这种理念应用到企业经营管理中，意味着在互联网“去威权主义”的自治环境下，阿米巴式管理有可能获得更大的成功，甚至可能是契合互联网时代的一种内在必然要求。这一理念也与中国古代老子的“无为而治”最高境界的管理思想似乎有不谋而合之处。当然企业的阿米巴式管理并非追求无为，而是追求有为，意在让群体智慧而非企业管理者的威权驱动，来发挥最大的自我驱动力，推动企业发展。

《失控》中描述了一个叫卡彭特的研究者组织的有多达 5000 人参加的实验，实验通过数千人同时操控计算机操控设备一起玩“乒乓”和“飞行模拟器”的两个游戏，前一个游戏是数千人分成两边控制模拟的“乒乓球拍”击球；后一个游戏是全部人员分工协作控制“模拟飞行器”着陆降落，实验显现出群体能够自发形成高超的智慧协同能力。这个实验存在一个前提就是，这个群体的所有成员几乎是同时做出决策的，他们做出看似相互“独立”的决策，却又似乎能够自发充满高超的协同智慧。而在现实大多数情况下，人们并非同时做出决策，而是有先后顺序的，即使在《失控》描述的实验中，所有人实际上也在不断参照这个群体的其他成员决策调整自己的决策。

当决策存在先后顺序时，人们做出决策的时候，更多地会借鉴前人的决策，这种参照决策更多地可能是一种“跟从”式的决策。这种决策可能并不一定体现出群体智慧，甚至很多时候可以叫作“盲从”的决策。结群的生物不乏智慧的协同，但也不乏愚蠢的盲从，就像在危险的情况下如果一群羊的领头羊跳下悬崖，而整群羊也可能愚蠢地跟随跳下悬崖一样。

抛开伦理性而言，自然界中等级化的生态显现出具有智慧性，蜂群、蚂蚁等所谓群体性“智慧”来自于生存本能，也决定了其作为低等生命的脆弱性。没有目标的扁平化将是一种机制退化，无领导的管理对企业来说也是无源之水。一般来说，面临企业内外的利益纠纷，没有领导与管理，很难协同建立起共同目标。过于吹捧无中心的管理模式，反而会让一种自由散漫变成企业的毒药，这也并非互联网化。我所见过的鼓吹阿米巴式管理的公司，实际上也都非常依赖核心领导，依赖自上而下的管理模式，而不是相反的自下而上，尽管他们的领导者常常为了制造某种管理而吹捧后者。

如果一个企业管理者深信阿米巴式管理的群体智慧能力，可能将在企业管理上犯下大错。我们需要认识到，那些试图证明阿米巴式管理的群体智慧能够达到理性自治的案例，往往是存在一定条件和环境的，在阿米巴式管理、去威权化而追求“众智”的期待中，你可能迎来一个你所未曾料到的结局，即你所管理的群体可能并未发展成智慧群体，而是变成“乌合之众”，成为盲从的“羊群”！

区块链技术的兴起让阿米巴式管理达到一个新的高潮，然而从另外一个角度看，区块链技术的应用只是没有中心服务器的概念，但是遵守统一的存储规则是区块链的实质“中心”所在。区块链技术要求将所有的数据记录打上时间戳记，这一中心规则与过去分散无章的存储规则截然不同，这种形似无中心实体的格局也并非无形之手可以形成的，而是在于形成一种更高层面的隐形中心化格局。

“乌合之众”是 19 世纪法国著名的心理学家、社会学家勒庞用以描绘盲目从众、失去理性思考的群体。勒庞写的一部经典著作就叫《乌合之众》，弗洛伊德曾评价这本书说：“勒庞的这本书是当之无愧的名著，他极为精致地描述了集体心态。”在这本书中，勒庞指出：所有的个人都在模拟或者追逐群体，从他们成为群体的一分子起，无论是博学者还是不学无术者，都一样没有了观察能力。“乌合之众”的思想并非是群体智慧和理性思考，而是“羊群效应”。羊群是一种很散乱的组织，平时在一起也是盲目地左冲右撞，但一旦有一只羊动起来，其他的羊也会不假思索地一哄而上，全然不顾前面可能有狼或者不远处有更好的草。“羊群效应”是一种盲从而非理性的从众，是指人们经常受到多数人影响，从而跟从大众的思想或行为，也被称为“从众效应”。人们会追随大众所同意的，将自己的意见默认否定，且不会主观上理性思考事件的意义。

《纽约客》专栏作家索罗维基在《群体的智慧》一书中提出，在一定条件下，民众群体比个体及小群体专家更聪明，群体如何不沦为“乌合之众”建立在 4 个基本条件下：观点的多样化、意见的独立性、背景的分散化和有效的集体决策机制，这也是网络理性的 4 个基本条件。

互联网就像一片海洋，从众效应每时每刻在这片海洋掀起浪潮。它可以成就一家企业也可以摧毁一家企业，它可以让一家企业迅速成功，也可以让一家企业迅速失败。当人们面临互联网诸多的信息噪声干扰，从众往往成为一种最为普遍的简单可行交易行为。互联网社交工具 SNS 是反中心化的，但同时形形色色的 SNS 社区上又自然建立了自己的千千万万个小中心、小部落，那些强势的名人或话题制造者仍能轻易地成为部落的首领。当小部落各自代表自己的兴趣点和利益点时，如何达成社会共识和如何妥协成了问题。

5.2 互联网“大数效应”

从众效应导致互联网交易中盛行“大数效应”法则。当你进入一家类似淘宝一样的电商网站，面对诸多的同类商品信息，你往往难以做出选择，不少人选择最简单的方式——看商品的销售数量，挑选销量多的商品，即使优质的商品可能没有销量，但此时“大数效应”法则被认为是一种省时省力的理性法则。在从众效应和“大数效应”的影响下，一些电商卖家靠刷单来提高产品销售数量，一些手机厂商虚报销量数据来吸引消费者目光，一些互联网创业企业虚报融资数额来吸引市场关注。

在与信息噪声的博弈中，“大数效应”带来的可能不是最优的结局，但可能是次优的结局，至少消费者认为根据大数法则购买的商品即便不是性价比最高的，也应当是较高的。企业经营者利用“大数效应”拓展市场是一种技能，然而作为企业的管理者，当你是一个组织的领袖，如何保证你的组织在互联网时代呈现的是一个有生命力、灵巧的“智慧群体”，而非盲从失去方向的“乌合之众”，这是追求阿米巴化分布式管理的组织领导者面临的挑战。

“大数效应”法则在互联网市场发挥着非常显著的作用，造就互联网许多业务领域“只有第一，难见第二”的独特现象。类似百度搜索、微信、淘宝这样的互联网领先者在各自市场占据强势垄断地位，远远甩开市场的跟从者，其市场领先优势远远大于技术领先的优势。互联网本身作为一个技术要素快速流动的领域，使跟从者可以很快学习先行者的商业模式和技术，显然造成第一名位居遥遥领先的市场垄断地位的原因并非取决于对技术的垄断。

互联网领域第一名的强势垄断与传统市场显现出较大差异。在绝大多数传统产品市场领域，我们都可以看到两家或几家实力差距不大的企业相互竞争，很难找到一个像互联网巨头那样以如此高市场份额垄断市场的行业。在信息经济学中有两个常被用作描述传统市场中双寡头竞争的经典博弈模型，分别称为古诺模型和斯坦伯格模型，显示出两个寡头在一起进入市场或先后进入市场时，往往会形成类似 5 ：5 或 7 ：3 的市场份额比例，尽管模型博弈带有假设条件限制，但在现实世界中，确实很少有像互联网领域形成一边倒的博弈现象，而且不乏后来居上者。

许多专家常用“网络效应”来解释这一切。根据经典的网络效应理论，网络效应可以分为直接网络效应和间接网络效应。直接网络效应是由于系统中每个用户可以与其他每个用户通信，使用户加入优势系统获得的边际效应与用户平方数成正比，电话网、QQ 和微信等通信工具拥有这样的效应；间接网络效应的产生在于配套产品种类的增加，使用户加入优势系统中获得的边际效应增加更显著，这似乎在类似淘宝商城这样的案例中有一定的适用性。然而，造成互联网市场一家独大的现象，并非仅仅是基于用户对网络效应、边际效应的理性价值判断，而可能更多是一种从众心理影响导致的“马太效应”，而这种从众心理往往并非基于理性价值判断而带有相当盲从性。

互联网市场的一家独大的现象更像是民主政治法则在互联网经济领域的延伸。民主政治奉行的是少数服从多数的原则，代表多数者得到垄断权力的“赢家通吃”法则。在传统的市场中，由于种种因素影响造成市场分割，很难有一个企业或一种产品能够在很短的时间内做到“通吃”市场，而互联网的一些关键领域建立了前所未有的高度统一市场，成功者往往可以很快统一市场。从某种角度看，互联网显现出一种“随大流”的放大效应，因为大多数人们借助互联网的交互容易形成一种“共同倾向”的潮流，尽管这种潮流中不乏各种杂音，但往往被跟随者的脚步声淹没。

所有用户成为互联网市场的政治“选举者”。互联网市场的“选举”竞争也并非总是公平和透明，可能充斥制造泡沫甚至抹黑、攻击对手，但这场“选举”竞争的结局将可能比政治更加残酷，“赢家通吃”，而败者失去所有甚至永远无法翻身。

互联网打破了地域限制，使许多由于信息封闭、商家数量限制等原因造成区域垄断的市场大大减少直到逐渐消失。用户的消费选择，实质上是一次次的消费投票行为。每次投票也许是卑微的，但数量众多的投票总和反映了消费民主与政治民主的一个基本的通用价值原则，即个体是感性的，群体是理性的。这个结论与古斯塔夫·勒庞在《乌合之众》一书描绘的相反，即在充分的消费民主条件下，互联网具有足够的集体智慧和理性选择机制。

“大数效应”使个性化产品销售面临尴尬处境。许多人相信互联网时代将是个性化柔性制造的时代，但大数效应给那些信奉柔性制造时代来临的人泼了一盆冷水，诸如苹果、小米以单一品种占领市场成为互联网时代击败柔性制造神话的经典案例。对于制造业来说，能够以低成本和高管理水平进行个性化定制的产品制造是一个理想。然而个性化制造需要付出额外的制造成本，企业需要在产品通用性与个性化定制间达到一种平衡状态。丰田曾经倡导的精益生产（Lean Production）管理模式曾成为许多制造企业竞相追逐的学习对象，精益生产的特色是多品种、小批量，能够通过系统结构、人员组织、运行方式和市场供求等方面的变革，使生产系统很快适应不断变化的用户需求，并能使生产过程中一切无用、多余的东西被精简，最终达到一种最佳状态的生产管理方式。

"预期"是现代经济学中的一个重要概念，经济学中存在多个"预期"经济学派别。"大数效应"显现出消费者"预期"使互联网市场的优胜劣汰效应加强，也使如何管理消费者"预期"，通过消费"预期"引导来创造市场商业机会，成为互联网时代许多公司面临的一个重要课题。一些公司如小米、苹果等成功利用互联网手段管理消费者的"预期"，引起许多公司的兴趣。在互联网 O2O 领域，面对层出不穷的竞争者，用户面临多重选择，如何以低成本的方式经营消费者预期，从而获得用户群优势，对每个参与竞争的企业都是挑战。

在互联网时代的浪潮中，用户的需求能够通过用户评价、网络互动等更加快速地反映到制造企业，理论上使制造企业能够更加方便地进行个性化的精益生产，有些制造企业也在为达到这种目标而苦苦探索。然而在面向公众的各种常见的电子、家电、工具等消费产品市场中，我们并未看到那些在个性化定制上具有特别优势的企业更容易获得成功，反而可以看到一些相反却异常成功的例子。苹果、小米的产品线并不丰富，产品种类少，却在市场上大获成功。大多数消费者并非是能够准确描述自己需求的专家，他们对自己所需要的产品缺乏充分的了解，而消费者为了弥补自身与产品制造者之间信息不对称的不足，在互联网时代，他们采取的最常用的手段就是随时随地借助互联网，尽可能了解大多数人对某种产品的使用评价。而在过去，当消费者到商场购买某种产品时，他可能很少接触到这类信息，即使偶尔在其他的消费者那里听到某些信息判断，也是一种非系统、非常态性的。

当互联网上产品宣传和评价信息越来越深刻地影响消费者，并成为一种常态化的消费过程时，某种销量领先的产品往往由于在互联网上的口碑效应被迅速放大。面对互联网众多的消费产品质量参差不齐，消费者在消费中的“从众”心理会更加突出，这种从众心理甚至可能掩盖用户对产品的个性化需求，使类似苹果、小米这种外观、功能上似乎没有多少个性化的产品大受欢迎。这也使一些制造企业不得不面对一个事实，当自身耗尽力气去满足不同用户的个性化定制需求时，却发现只有一两款产品真正获得市场，市场似乎与“多品种、小批量”的精益生产方式背道而驰。当然，成本是个性化制造的重要影响因素，类似西班牙 ZARA 这样的服装企业利用互联网进行个性化、小批量制造获得很大成功，这与服装的个性化制造所需的成本显然有密切关系，而在机械、电子制造行业，个性化、小批量制造的成本高昂，鲜有成功的案例。

互联网浪潮并非意味着个性化、柔性化制造的死亡，相反，可以看到一种明显的趋势是，许多产品呈现出软件和硬件相分离、硬件产品软件化的特征——在产品硬件包括外观、构件趋于同质化的同时，产品功能趋于个性特色的“软件化”，相应的软件产品呈现出个性化、多样化的趋势。“互联网 +”时代的来临，意味着许多物品将会联网并具有网络互动的能力，这也意味越来越多的物品被赋予“软件功能”。产品的个性化特色功能也更多体现在这种软件功能上，这种“软”个性化具有更加灵活、成本更低的优势，“软性制造”将显现出比“柔性制造”更广阔的前景！

5.3 众筹之智

乌合之众和羊群效应的存在，并不能抹灭互联网群体智慧的光辉。事实上，众筹模式的兴起，显现出互联网群体智慧具有强大的生命力。从智慧到盲从也许只有一步之遥，从群体智慧到乌合之众的界线到底在哪里？以下的例子也许可以给你答案。

基于互联网出现的一种群体智慧模式生态，2006 年美国《连线》杂志提出了一个新词 Crowdsourcing，中文可以译作“众包”或者“众筹”，主要是指企业或者机构把一部分工作外包给没有清晰界限、没有明确组织的大众群体去做。这些工作可能包括设计一件物品，参与产品传播，进行产品销售等。“众包”模式的出现，是基于互联网形成沟通方式，将许多个人智慧连接、聚合在一起，从而形成群体智慧的现象。这种“众包”组织虽然结构松散，有时存在目标不统一和效率低下的缺陷，但相比企业和机构设立的专门组织而言，他们拥有更多的智力源泉，通过加以目标引导和激励，有可能形成有效率和生命力的互联网组织。

美国医药制造商礼来公司（Eli Lilly and Company）是最早利用互联网众筹模式来解决研发领域难题的公司之一。该公司是一家全球性的以研发为基础的医药公司，2001 年该公司出资建立了一个名为创新中心（InnoCentive）的网站，开始用作化学和生物领域的研发供求网络平台。这个网站的企业成员包括波音、杜邦和宝洁等跨国公司，他们把一些研发课题，尤其是一些难以破解的研发难题放到 InnoCentive 上，他们作为“寻求者”（Seeker），召集网络上的“解决者”（Solver）来参与研究和解决难题，这些公司成员（寻求者）要向“创新中心”交付一定的会费，并为每个解决方案支付 10000 ~ 100000 美元的费用。这个网站很快获得了数万名外部科研爱好人员的关注，他们为网站提供研发需求。根据该网站曾经统计的数据，尽管 InnoCentive 上的研发难题破解率大约为 30%，但比传统研发方式成本要低得多。该网站的首席科技官 Jill Panetta 认为，“在网上广招贤士的做法和传统的雇佣研发人员的做法相比，效率要高出 30%”。宝洁公司副总裁 Huston 曾经评价“我认识的每一个 R&D 高管都面临着类似的问题，即每年研发的预算增长都超出了销售的增长率，InnoCentive 的出现打破了这种研发僵局”。

如今，互联网“众筹”理念已在多个领域获得成功，比如手机制造商和电信运营商的应用商店模式、金融领域的众筹模式等。互联网群体智慧应用在研发领域，探索者希望可以汇集足够的智慧源泉，解决研究中的难题，降低研发成本。在国内，手机市场异军突起的小米公司在手机产品设计的“众筹”方式上，曾经吸引了众多的目光。小米公司曾经在互联网上吸引大量粉丝参与手机产品设计讨论、建议，海尔公司也在互联网上尝试让用户参与家电产品设计。当然，整体而言，国内众多企业、高校等研究机构仍然鲜有利用互联网的“众筹”智慧来参与研究，或者是大多数人仍觉得无足轻重。

让用户参与产品设计，并在产品使用中尽可能拥有最大的自由度，是对企业的产品设计和生产管理的一种高层次的要求。一些智慧的企业基于此会设计出富有想象力的产品模块，赋予用户进行二次产品组合的选择，这实际上也是让用户参与产品设计的一种创新。未来，我们在生活中可能看到越来越多的模块化产品的出现，这种模块化产品就像互联网网络一样可能具有延伸能力，如现在我们可以看到远大集团用积木组合方式生产房子，还可以看到诸如模块化的冰箱，这种模块化的冰箱包括标准化的制冷压缩机模块、储物空间模块，用户可以根据自己房子空间位置的大小，选择增减储物空间模块数量，或者换装制冷压缩机模块。我们也可能会看到诸如模块化的电视，用户可能自行增减屏幕模块的数量。

尝试利用互联网群体智慧进行设计的“威客”（Witkey）的兴起，曾引起社会广泛的关注。国内的猪八戒网是这方面的代表性网站。它提供许多设计作品服务，如品牌商标设计、策划宣传设计乃至影视剧本开发等。像淘宝网站一样，猪八戒网在设计领域为许多中小企业和个人提供一个平台，但诚信也同样成为该网站运营中的一个困扰问题，比如卖家不选标或利用选自己马甲竞标。为了解决这一困扰，猪八戒网设立了诚信选标委员会等机制，试图解决这一问题。但与淘宝卖产品为主的模式不同，卖“思想”和设计作品在交易中面临更多道德风险漏洞，猪八戒网仍然经常面临买家投诉的问题。

“威客”网站得到发展，“众筹”模式节省了企业的研发成本，但也带来了一个可能令企业痛苦的问题，那就是企业的研究公开化。企业的一些技术信息可能难以保密，这是“众筹”模式在研发设计领域面临的一个挑战。尽管如此，作为互联网社会的一种现象，利用互联网降低企业的研发成本，让研发的产品在进入市场前获得更好的用户互动，同时充分利用网络收集市场研发信息，将会使研发领域的“众筹”模式在未来获得更加丰硕的成果。

客户参与产品设计，并进一步成为“威客”，也显现出互联网带来的“客户交互革命”的深刻影响。过去企业卖出一件商品，也许只有与客户的一次交互，后来出现了售前、售后服务交互，而互联网时代的用户更多地参与产品设计、服务定制等，显示出基于互联网背景下企业与用户交互的深化，这也得益于互联网让企业与客户的交互成本大大降低。

乌合之众和智慧群体的区别在哪里？最有可能的答案是客户智慧。如果你管理的团队不能纳入客户群体的智慧，如果企业实行阿米巴化的自治管理，却没有让客户成为中心，你将很可能面对的是乌合之众的组织，只有当你能够管理客户的智慧，让客户成为你团队的一部分，你的团队才能变成互联网智慧群体！

开放性是众筹之智这种全新的社会生产组织模式的基本要素。这种开放是基于认可每一个人的独特价值，统一规则平台引领多元性和差异化的协作，鼓励自发而有序地交流与合作，使开放成为群体智慧对个体智慧的超越和修正力量保障。“众筹”背后是一种经济上的民主自由与秩序规则的结合，将用户和企业天然融合在一个规则平台上。

用户是脱离企业管理边界的，并不受企业管理的约束，要利用用户的智慧，意味着需要让用户与企业团队达成一定的协同，这种协同并非约束性的，而是一种引导性的。互联网为企业和用户协同提供了前所未有的便利，让企业可以随时随地与用户建立联系。管理者可以随时看到用户的反馈和评价，企业可以借助互联网工具与用户随时交易，当然有的企业缺少这种机制，而这正是互联时代企业的核心竞争力之一。企业管理者能否贴近用户，让用户发出的指令尽可能地成为企业管理者的指令，这是企业管理者在互联网时代面对的目标。对于互联网创业者来说，如何与客户尽快实现契约式的交互，是商业化成功的关键。如果询问你的企业在互联网时代要做的最大的变革是什么？我相信最大的变革是让用户进入你的企业边界！更大的变革是什么？更大的变革是让用户更高程度地融入你的企业边界！

5.4 众智与威权

优秀的领导者都是变革者，从一定程度上看，许多成功和失败的变革者同时都是一种“偏执者”，只不过我们一般将成功的偏执称为执着，而把失败的偏执称为固执。很多著名企业的崛起离不开一个带着偏执的威权管理者，就像联想的柳传志、海尔的张瑞敏、华为的任正非、腾讯的马化腾、阿里的马云等，他们在创业过程中的坚持不懈就像是一种“偏执”，正是“偏执”背后的坚强意志，加上强有力的管理，这些卓越的领导者才能推动企业坚决采取自己的战略。

从乔布斯的传记中可以看到，乔布斯曾经亲自在上百种方案中以自己敏锐的眼光筛选出 iPod、iPhone 等产品，参与设计产品的每一个细节，并日夜推敲研究，才奠定了苹果的成功之路。从某个角度看，乔布斯像个“偏执”而极具责任心的产品经理。显然乔布斯作为企业最高领导者对于市场和产品的把握无疑是苹果成功的关键。然而即使再卓越的企业领导者，也有对市场感觉失灵的时候，而这种失灵可能导致企业误入歧途，甚至走向失败。

我们以诺基亚、三星、苹果作为例子，这 3 家企业先后成为手机市场霸主。也许可以这么说，诺基亚的偏执造就了苹果的最大辉煌，而苹果的偏执成就了三星的最大辉煌。曾经在手机市场占有率高达 40% 以上，多年被评为全球最有价值的品牌的诺基亚在往日辉煌的时期，没有人预料到其衰败如此之快。显然，以诺基亚的品牌号召力和粉丝基础，如果其及时推出安卓手机，很容易占据高端市场和攫取不菲利润，即使其今天返回手机市场推出安卓机也可能占据一定市场。当年不少粉丝甚至公开呼吁诺基亚尽快行动并表达购买意愿。如果诺基亚及早行动，也许苹果不会取得如此的成功，然而诺基亚的数位领导者都不愿意推出安卓手机，以至于不得不上演退出市场的悲剧。

同样的固执发生在苹果的领导者身上，尽管这种固执并未造成类似的悲剧。iPhone 获得市场成功之后，乔布斯不愿意推出大屏幕手机，坚持认为 3.5 寸屏幕最适合用户手掌操作，用户并不需要大屏幕手机。对 3.5 寸的小屏幕的偏执一度使苹果失去许多应有的粉丝。当诺基亚刚刚失势后，当年尽管 iPhone 名声很响，品牌影响力高于三星，但在北京地铁里和办公室里，我和身边人所看到的最火的却是三星的大屏手机，当时人们对三星的大屏幕手机的兴趣显然远远大于 iPhone。当乔布斯逝世后，苹果推出了大屏幕的 iPhone，北京的一些办公室和地铁里很快到处充满大屏幕 iPhone 的使用者。

乔布斯这样卓越的企业领导者无疑拥有非常过人的智慧，然而在企业的成长壮大中，我们可能会发现企业领导者对市场的感觉并非总是敏锐，甚至并非正确，甚至还可能因为企业领导者的偏执，而使企业做出脱离市场的决策。更大的问题是企业自身往往无力对领导者的失误进行纠偏，因为这个企业往往是曾经在某个威权领导者的带领下走向辉煌，而在走向辉煌中，企业已经形成一种对威权领导的依赖，这种依赖甚至已经成为这个企业文化的深刻烙印。如果没有这种威权驾驭，这些卓越的企业可能失去关键驱动力，也许可能像诺基亚、摩托罗拉、日立、索尼一样很快面临危机。然而这种威权的驾驭却并不能总是保证企业走在正确的轨道上，甚至可能导致企业偏离轨道陷入危机。

威权的“独智”者，当其成功的时候，往往能够集萃众智而又超越众智，但随着岁月的变迁和企业官僚层制的僵化，威权的“独智”可能变成企业发展的毒药，也许在互联网时代更是如此。要知道在迄今为止的全球10件金额最大的企业破产案中，有9件发生在2001年后，正是互联网浪潮兴起之后，像世通、安然、雷曼兄弟等拥有数千亿美元资产的庞大跨国企业，几乎都是在21世纪一夜间走向破产。

一个卓越的企业创始人往往除了有过人的管理才能外，还要有非常敏锐的市场感觉，懂得用户需要什么。随着企业发展壮大，企业领导者可能需要花费更多精力忙于内部管理和战略，而在获取市场一线客户需求信息上，更加依赖一条长长的信息链条，通常是一条类似企业高管——中层——销售一线——客户的科层制信息链条，当然还会借助很多咨询中介机构，然而这条长长的链条在运行中可能变得逐渐官僚化和形式化。尽管卓越的企业领导者大都拥有非凡的信息搜集和提炼能力，但当一个企业形成较大的规模后，企业领导者通常主要从不同下属汇报的各种信息中提炼信息并做出决策，这些提炼经历了筛选“信息噪声”的过程，经过层层筛选的信息未必是领导者在决策时真正需要的，领导者可能离真正的客户信息越来越远。

大多企业是依赖于家长制的运营管理模式，企业实际只有一个或数个“大脑”负责决策，而大多数员工处于被动驱动状态。也有不少企业意识到了这种管理模式的弊病，并渴望追求一种更加面向市场和贴近市场的管理模式。让听见炮声的人指挥炮火，成为一些企业管理者试图转型管理的口号。“倒三角”的管理模型被不少人奉为管理圭臬，在这个模型中，作为金字塔顶端的企业高管在最下面，而作为金字塔塔基的众多一线企业员工被置于顶端，引导企业管理层支撑服务于企业市场一线。

曾经与人谈到对“倒三角”管理模型的看法，我戏言这是一种很好的理念，但仅仅是理念，我从未见到过一个企业真正存在过这种管理“倒三角”。这种“倒三角”也不符合力学原理，不可能“立”起来！我并非否认“倒三角”管理，“倒三角”管理模式可能是一种理想化的管理理念，或者是一种理想化的管理思想，它把用户放在最高的位置上是值得推崇的，它让用户成为企业经营管理的指挥棒并没有错，关键是如何做到让无数用户和企业团队的“众智”，而非威权的“独智”成为推动企业前进的决定性力量，如何真正在企业的每个角落都能倾听到用户的声音，这对于一个互联网时代的企业管理者至关重要。

用户可以在多大的深度上参与企业的管理，这对希望转型的企业管理者是一个很难回答的问题。尽管许多企业常把“用户是上帝”“用户至上”“用户永远是对的”这类口号挂在嘴边，在形式上把用户放在了最高的位置，然而大多数企业并没有能力改变独裁式的家长制管理模式。企业领导者的命令就是“圣旨”，企业的战略部门和参谋部门的最大的任务可能就是证明企业最高管理者总是正确的。当诺基亚的总裁埃洛普坚持无视用户的呼声，不生产安卓手机的时候，也许在企业内部他周围诸多的战略体系人员唯一能够做的就是证明他是正确的，但显然最终外部市场证明他是错误的，用户的声音在这场决定诺基亚命运的决策中完全被忽视了。

我们来看看互联网上一些成功的电商是如何做到以用户为核心的。互联网很多电商卖家将用户评价作为最高的管理指令，尽管这些用户评价有的可能并不充分、客观，尽管有些卖家可能喜欢胁迫和引诱用户修改客观评价，但从总体上看，用户声音在企业经营管理中真正被置于非常重要的地位。不少卖家也据此不断改进自己的产品，改进自身的服务流程。我曾经尝试在网络购物中对卖家产品提出过一点意见和小建议，卖家采纳了建议并特别地给予了一点折扣奖励，这是在传统企业的产品服务流程中很难看到的。

如果你在一家通信营业厅、银行营业厅、大型商场，或产品专卖店对销售人员或者服务人员提出一点产品或服务的意见，你也许会收获到友好的笑容和歉意的欢迎，但很多时候她们并不会采纳你的意见。因为将你的意见反映上去对她们来说可能相当于一种投诉，而她们很可能为此受到责罚，她们也许已经习惯于用微笑阻挡你的意见到达企业管理层。如果你不幸碰到一些独家“垄断”服务者，你也许收获的不是微笑而是冷漠的黑脸。事实上，在类似电信营业厅、银行营业厅的服务管理中，电信公司和银行管理层对服务质量提出很高的期望，建立了严格的体系并采取了严格的管理措施，但这种管理并未让消费者真正满意。严苛的服务责罚制度，让服务人员本能地向上级隐匿一些用户反映的服务问题。大多数传统企业对用户是一个“黑盒子”，里面冗长的产品服务投诉处理流程，让用户与企业的边界泾渭分明。

互联网为企业与消费者互动提供一个直达渠道，也为企业运营管理的各个环节提供了一个共同的“管理看板”，尽管这个看板有时也会深受信息噪声的干扰。对于互联网时代的企业管理者而言，他们需要面对的不应再是用户——销售员工——服务员工——产品员工——中间管理层——管理层这样冗长的信息链条，而应是一个以用户为中心的“群体智慧圈”。在这一智慧圈中，围绕用户的企业管理层、中层管理者、产品员工、销售员工都可以直接看到真实的用户信息，并将“用户看板”作为引导智慧圈协同的指令。当然这并不意味着用户要面临与企业多头打交道的困扰，而是意味着企业需要让用户需求信息在企业内部快速无阻地并行传递，并能够基于用户需求信息建立起快速并行的互动机制。

互联网为企业提供了高效实时的用户看板。如果一个企业管理者依赖秘书、参谋、咨询公司、下层汇报，却唯独看不到实时的用户评价，这意味着企业可能变成互联网“盲人”。企业应该让用户参与销售、产品设计、监督、管理与决策。当用户和企业员工边界消失，二者的角色合二为一，就变成了互联网的“众筹模式”。当用户能够参与设计和管理的时候，企业与用户的边界将进一步消融，企业将可能变成真正的互联网企业。

建设学习型组织成为很多企业高大上的目标和口号，这一度让不少面向企业的专业培训机构或培训教师变得非常火爆，因为许多企业把建设学习型的组织的行动变成了组织培训，或者是一场类似思想政治运动。企业学习能力的实质在于使企业系统能够拥有更强的市场智慧，这种智慧能够使企业更好地吸取市场失败和成功的经验，从而少走弯路，更快地前进。问题在于企业的这种智慧能力能否可以通过培训学习来获得。

很多企业管理者相信自己拥有或致力于追求为企业做出正确、完美的管理决策的智慧，如果不能确保决策正确完美，他们甚至宁愿不做决策。所谓吃一堑，长一智，事实上绝大多数企业管理决策并非完美或正确，很多管理决策本身是一个不断“试错纠正”的过程，关键是企业在这种“试错”中具有及时动态纠正错误、调整前进的机制，这正是企业需要的最重要的学习能力。绝大多数成功的企业并非在“一贯正确”的领导者管理下一帆风顺地成长，而大多数时候是在一条坎坷起伏的道路上奔走。优秀的管理者的智慧不在于为企业找到捷径，而是在这条布满荆棘、砾石的道路上，如何驾驭企业这套马车，不断在震动损耗和前进速度之间获得更好的平衡，而非最佳的平衡。企业的学习能力即企业拥有一种持续微调、纠正错误方向的能力，避免企业偏离应有的方向。

我曾经与一个专业培训师交流有关企业培训课程的看法，他说了一句出乎意料的话，“其实绝大多数企业培训课程只需对企业管理者讲就可以了，对大多数企业员工来说，他们只需要听一门执行力的课程就可以了”。尽管不可否认的是执行也需要学习，但这个培训师的话显然反映了一个常见的事实，在许多威权主义领导的企业中，企业学习主要体现在某个领导者身上，如果领导者不学习，很多企业在内部就会缺乏应有的“试错纠错”能力，甚至可能出现一种“众人皆醒我独醉”的奇特局面。

谁是企业最好的老师？可以说，在互联网时代用户是最好的老师！以用户为师，向用户学习，让用户参与企业的销售和管理，让用户成为企业的“创客”，让用户的智慧来弥补企业管理的结构性智慧缺陷！与其关注企业的产品销量，不如更加关注用户！企业领导者与用户的距离将是企业与用户的距离！互联网给企业领导者带来了零距离接触用户的机会，需要企业领导者能够充分意识到并为此更加靠近用户。我们可以看到很多企业领导者也充分利用互联网工具，随时随地与用户互动，缩短距离，带动企业粉丝用户使用产品，就像乔布斯与雷军所做的一样，这也显现出许多传统的政治型的企业领导者在互联网时代的进步。

与用户亲密接触，但永远不要忘记你的想象力是互联网时代最优秀的用户！如果你要设计一款超越时代的产品，你首先要让自己和自己的想象力成为最好的用户。福特在发明汽车时曾经说过，“如果去做用户调研，用户只会说要一辆更好的马车，而不是一辆汽车”！乔布斯在设计苹果手机时也曾经说过，“让我们先忘记用户调研，因为他们并不知道所需要的是什么”。

第六章 人工智能的未来

人工智能的兴起与发展将互联网带入一个新的发展阶段，在许多领域让人们感受到新科技的神奇力量，这种力量也让一些人开始担忧未来。人工智能将向何处发展，在给人类带来生产力解放和生活水平提高的同时，是否会给人类带来灾难。我们可以对未来管中窥豹，但永远无法真正预知未来。我们将在前进中不断看到令人欢乐的美景，但也时刻担忧前方不可预测的陷阱。

6.1　从人工智能到生物智联网

1950 年，英国著名的人工智能之父、计算机科学创始人图灵发表一篇《机器能思考吗？》的论文，第一次提出“机器思维”的概念。图灵假想，如果一个人在不接触对方的情况下，通过一种特殊的方式和对方进行一系列的问答，在相当长的时间内，他无法根据这些问题判断对方是人还是计算机，那么，就可以认为这个计算机具有与人相当的智力，即这台计算机是能思维的。这就是著名的“图灵测试”（Turing Testing）。

1991 年，美国科学家兼慈善家休 · 勒布纳设立人工智能年度比赛——勒布纳奖，号称是对图灵测试的第一种实践，旨在奖励最擅长模仿人类真实对话场景的机器人。比赛分为金、银、铜三等奖项。如果机器人不仅能以文本方式通过交谈测试，还能在音频和视频测试中过关，则获得金奖，赢得 10 万美元和一枚 18K 黄金制金牌；如果它能在更长时间的文本谈话中至少迷惑半数裁判，则获银奖；如果未达到以上标准，则每年测试中迷惑最多裁判的机器人赢得 2000 美元和一枚铜牌。从 1991 年首届比赛到 2008 年，尚无机器人达到金奖或者银奖标准。2008 年，人工智能比赛——勒布纳奖最后一轮比赛于 10 月 12 日在英国雷丁大学开展。艾尔博特等 6 种软件程序击败另外 7 种程序，获得决赛资格。艾尔博特与 12 个陌生人交谈，力图让他们相信它是“人”。一番争论、笑声过后，这一电脑程序成功迷惑 3 人，在人工智能比赛中拔得头筹。

人工智能与计算机技术的发展密不可分，互联网的出现和相应技术的发展，使人工智能的应用找到了新的天地。人工智能意味着信息处理能力大幅提升，连接无数台计算机的互联网无疑就像一个天然的人工智能平台。尽管在许多人的观念中，“数字智能”与“生物智能”仍然存在某种似乎难以逾越的障碍，但智能化的互联网已经如同拨动的钟表，开启了新时代的梦想。

时至今日，物联网已经成为与互联网几乎享有同样热点的字眼。各种各样的物联网传感技术涌现，尽管很多技术显现的声势仍然大于其实际应用和实际效用。从通信网络角度看，物联网和互联网实际都是一张网络承载，但物联网让互联网的边界似乎变得无限延伸，使人们从传统的人与人的通信方式向人机通信的方式（Man to Machine）、机器与机器通信的方式（Machine to Machine）延伸。这里所说的机器，从现在的角度理解可能只是一个传感器，但传感器所传感的物体以及物体信息，可能是无所不含，是近在眼前的一粒尘埃，也可以是遥远星空的一个星球。

从某种角度讲，如果说互联网让地球上的一切可能的数据连接起来，那么物联网则意味着让宇宙一切可能的数据连接起来。生物智能也是一种数据资源，随着物联网传感技术的发展，生物智能将是否可能实现接入互联网，并且成为网络化的智能数据资源？

人工智能的源泉是人类智能，作为宇宙和大自然智能的结晶，人类智能堪称美妙的杰作，从生物学意义看，人类智能是人工智能无法超越的，然而当未来某一天，我们发现人工智能与人类智能通过物联网有机连接起来，孕育出能够综合人工智能与人类智能的更高层次的“人工智能”，我们人类将真正面临一种未曾有过的疑虑和兴奋，这种疑虑和兴奋是一种对实现超越自身逻辑的奇妙感觉。

将许多人的大脑通过物联网连接起来，构建连接数亿计的人脑思维，我们可以称之为“脑联网”或者“智联网”，这将是互联网与物联网世界演进的未来。在这一演进中，我们将看到一个神奇的世界，许多人可以自由地选择一个智联网接入“开关”，让自己随时随地接入智联网并成为其中的一部分，我们将进入智联网的某一个思维空间，将自己大脑拥有的部分智力与大家共享，对某个复杂的问题进行共同探讨和决策，也将迎来一个空前强大的地球智力时代，人类智能也将在一个新的层次上快速进化。

未来我们可能兴奋地见到这一看起来像“脑洞”的一幕：为了解决类似哥德巴赫一样的数学难题，智联网世界决定启动智联攻关项目，数以万计的数学家通过智联网，将自身的智力联接在一起，把思维转化成某种信号，形成“数字化思维”。他们在两天内将自己的数字化思维通过物联网汇集到网络上的一个数学思维空间，这个数学思维空间拥有某种“精灵算法”，“精灵算法”可以统筹协调上万个数学大脑按照某一思考线路来进行协同思考，人类通过这种算法将智慧汇聚、组合起来，可以形成称之为“地球大脑”的强大智慧，经过两三天的时间会战，数学家们终于攻克这个世界级的数学难题。

2015 年 Google 工程主管雷 • 库兹韦尔（Ray Kurzweil）在纽约一次会议上谈到，2030 年，人类将与人工智能结合，变身“混血儿”，即人类大脑将可直接与云端相连，云端可能存储数以千计的电脑，这些电脑将增强我们现有的智慧，大脑将通过纳米机器人连接，这种微型机器人是由 DNA 链组成的，而我们的思维将成为生物与非生物思维的混合体。

俗话说，“三个臭皮匠顶个诸葛亮”，当集合人类智慧的智联网出现的时候，我们将汇集无数人的组合智慧，这种组合智慧就像成千上万个爱因斯坦的大脑，为我们揭开无数的世界秘密。当然在这一过程中，我们可能面临许多问题和挑战，比如我们是否可能通过物联网输入输出智慧，这种打破生物规律的方式是否可能实现，又是否存在某种人类难以承受的风险。

复制人类记忆，或者将某人的智慧向另一个人输出，这看似天方夜谭，然而当智联网来临，这将成为人类的一个梦想！智联网意味着人类思维智慧的数字化可以形成输出能力，反过来看，能否实现人类智慧的数字化输入，是人类未来渴望探索的问题。每个人智慧的形成是一个与社会、自然交互的缓慢学习过程，每个个体有相似的学习曲线，又有个性化的特点，这种个性化特点显然是与每个人的生物特性差异相关的，或者可以说是与每个生物体的 DNA 相关的。当我们学习知识的时候，我们通过眼睛、耳朵感官，将感受到的光信号、声信号输入到我们的神经中枢，并在我们的思维空间中留下烙印，当我们思考时，这些信号会被再加工，形成许多更加抽象的思维知识。

未来，我们将可能迎来另一种知识学习场景，我们将把知识变成人脑思维可以识别的数字信号，通过某种奇妙的人脑输入连接装置将这种信号输入人脑，你的大脑也许有自由决定是否接受输入的权利，决定接受某种知识信号，也可以拒绝某种知识信号输入。在智联网的神奇世界中，我们同样也要面对某些风险，像隐私、道德、犯罪问题。当我们的头脑被接入智联网，我们可能面临某种不健康甚至可怕的信号侵入，就像我们在现实世界中面临的诱惑一样。同样地，就像现实世界一样，智联网世界也将面临道德秩序问题，当某种噪声泛滥可能导致正常的秩序崩溃时，我们在智联网空间同样需要一种完善的维护秩序机制，来帮助我们维持响应的思维信号传播秩序，以及与之相连的现实秩序，也帮助一些个体清除不必要的噪声信号，就像操作电脑清除某段存储信息一样。

智联网也许不仅仅意味着人与人之间的思维连接，还可能发生在人与动物之间，我们可以分别称之为人类智联网与生物智联网。我们将可能通过某种传感装置翻译识别某些动物的独特“语言”，比如动物声音信息、肢体动作信息等，并通过某种方式与动物进行交流沟通。这将为我们打开智能世界和自然世界的一扇隐秘的大门，就像诗人和童话幻想的情景一样，沟通将成为这个世界无所不在的网络。这将使人类饲养的宠物能够更好地与人类交流，我们也将可以窥探到其他同类生物之间甚至不同生物之间的交流秘密。我们也许不久就可以看到，就像对语言翻译的人工智能研究一样，对宠物和其他生物语言的翻译与交流也将成为一个研究热点。

我看到一个新闻消息，日本爱知县丰桥技术科技大学向世界展示了一个可以通过电波阅读人类思维的装置，这是否意味着连接人类智能与人工智能的数字化思维时代在悄然来临？我们将可能很快迎来“思维数字化”浪潮。显而易见的是，这将首先使我们使用的输入法发生变革，由此我们不需要用手或者语音输入，而可以用思维去输入文字或描绘图像。

6.2　第六数字感官

与其他动物相比，人类智慧不仅体现在思维优势上，还体现在人类对世界的感知能力优势上。人类拥有视觉、听觉、嗅觉、味觉和触觉 5 种基本感官，当然其他动物也同样存在类似感官，只是对于人类来说，控制这些感官的大脑具有非同寻常的能力，从而能够感知和处理更加复杂的信息，人们还把一种复杂的、难以解释的“直觉”称为第六感官。一些动物也拥有人类没有的奇特感官，比如说一些鱼类能够感应电磁信息，而人类只有通过工具才能感应。互联网和物联网作为一种感知世界的工具，将给人类带来第六感官，我们可以称之为“第六数字感官”。之所以称为“第六数字感官”，是因为未来这种感官将时刻伴随人类，并且成为人类不可或缺的感知世界的能力。

谷歌眼镜、苹果手表、小米手环等智能穿戴设备的出现，给我们展示了一个物联感官的新方式，也开启了一个新时代，即未来的智能穿戴设备将成为与我们密不可分的“第六数字感官”。我们将依靠“第六数字感官”搜索面临的外部环境信息，并对这些信息进行判断。这种“第六数字感官”可能成为战场上士兵穿戴的重要设备，可以帮助士兵掌握战场环境，提高士兵生存率，我们也可以想象如下场景。

“第六数字感官”的穿戴设备将具有强大的互动功能，这种交互方式可以是视频、音频信息，也可以是思维电波信号。“第六数字感官”可以帮助我们监视周围的环境、交通状况，帮助我们最大限度地躲避可能遭遇的风险。当我们来到一个陌生的地方旅游，“第六数字感官”会提醒我们这个地方曾经发生过事故，你也可以通过与它进行方便的交互了解这个地方的历史与背景；当我们找到一个地方就餐时，“第六数字感官”会告诉我们这个就餐地点的综合口碑；当我们到达一个旅馆时，“第六数字感官”会告知我们这个旅馆的安全状况，一旦有诸如火灾的危险时，它会提醒我们逃生路线和逃生策略；当我们遇到野兽和宠物时，“第六数字感官”可以帮助我们读懂它们的肢体与声音语言，甚至可以帮助我们以某种方式与它们交流。

如果“第六数字感官”应用到商业场景，它也将提供帮助，比如，它可以随时通过搜索一切可能的联网数据，帮助你了解客户的一切信息，如客户的资金实力、商家信誉状况、商家经营状况，它也许还能够捕捉到客户细微的表情，帮助你判断客户的心理，能够根据客户的外貌特征判断客户的职业、偏好等特性并给出建议。如果人的思维产生电波信息可能被近距离感知，那么在不违反法律的情况下，“第六数字感官”也许会悄悄帮你捕捉客户的思维电波。

“第六数字感官”的另一个方向是对自身机体信息的感知与探测。人类对自身机体感觉存在天然的“不足”，远不如对外界信息的感觉敏锐，我不清楚讲这种“不足”是一种进化的成果，还是一种进化的缺失，这种机体模糊感觉便称为“第六数字感官”。人体对自身机体感觉的模糊和迟钝也带来一些问题，比如对于机体疾病的感知迟钝，这让你很难凭借自身器官的直接感知对可能存在的某些慢性疾病做出反应，尽管你的免疫系统可能在你无知觉的状态下有更为快速的反应，但个体的免疫系统也存在漏洞，尤其当你意识到免疫系统无法抗衡疾病时，疾病可能已经变得非常严重。

弥补人类自身机体感知不足，成为“第六数字感官”应用的基本方向。事实上，现在大多数智能穿戴设备都在瞄准此领域。随着技术发展，“第六数字感官”将帮助我们感知自身机体许多细微的变化，并将这些数据与在线联网的机体历史数据以及积累的公众健康经验数据进行比较，从而真正成为我们捍卫自身机体健康的新的“数字感官”。

在对于内脏器官的数字感知上，我们现有的技术仍有待取得真正突破，如果没有非侵入式的物联感官技术突破，或者是某种惊人的微型物联感官技术出现，要实现真正的机体数字感官仍有很远的距离，然而毋庸置疑的是“第六数字感官”是显现威力的另一个方向。“人体大数据”也是大数据具有潜力的应用，并将为人类攻克诸多疑难杂症，为生物遗传等问题带来巨大动力，尤其是微细层面的人体数据变化将为人们展现更多的生理因果关系，从而成为点燃未来新生命的一支火炬。

6.3 从学习智能到协同智能

深度学习能力是近些年人工智能取得突破的关键，这使人工智能能够学习过去的知识经验，并且能够通过持续自我学习来提高自身，也意味着人工智能逐渐变成一个能够吸取外部能量的演进系统。可以看到，随着各种深度学习模型仍在不断改进优化，人工智能正呈现出前所未有的发展活力，人工智能演进的速度远远超过以前自然界生物智能进化的速度。人工智能深度学习能力，包含着纵向时间维度的知识经验学习能力，也包含着横向多个体、多方向的广度知识经验学习能力，就像超越人类围棋智能的 AlphaGo 能够同时综合历史上无数棋手积累对弈案例一样。然而，在涉及类似包含诸多不明变量的现实决策模型中，或者类似量子理论、核子物理、天文物理等复杂的理论模型中，人工智能能够发挥的作用仍然非常有限，现阶段人工智能在这些领域似乎就像一个孤立的系统，无法也无从获得足够的学习智能。未来的突破口在哪里？人工智能是否有可能演变成更加复杂的抽象思维智能系统，比如成为像爱因斯坦一样具有天才般的抽象思维智能。

目前，人类所具有的抽象思维能力仍然是自然界无可替代的一种珍稀宝贵资源，通过各种交流沟通的方式，人类个体将自身拥有的抽象思维能力与他人相互交换信息并实现间接式连接，所谓集体智慧、“众筹”智慧都是这种高级智力资源之间间接连接并协同工作的结果。随着智联网技术的发展，人脑所拥有的计算能力和存储能力将可能成为互联网的一部分，就像每台计算机成为互联网的一部分一样，人脑联网将会构筑人类智力发展的新高峰，即出现具有高度并行智慧能力的“协同智能”。“协同智能”意味着人类多个个体所具有的抽象思维能力在一定程度上能够实现叠加并行，从而达到远远超越爱因斯坦的智力。“协同智能”是一种综合人类自然智能和人工智能的超级智能，通过建立某种人工智能网络模型，这种人工智能模型的作用是，充分将人类自然智能有机地协同起来，比如引导具有某种思维优势的群体共同对某个问题进行协同思考，对思考的问题建立有效的思维决策机制等。当许多人类智能思维通过直接连接的方式协同工作，人类将会拥有超级智慧。

并行计算机算法的发展将为“协同智能”的发展带来一定的经验，通过建立某种“协同智能”算法模型，实现数以万计的人脑相互连接和并行计算，就像银河计算机那样的超级并行计算机的强大处理能力让人震惊一样，只不过这种基于自然智能协同的超级系统将可能产生远超出人类想象的功能。在这一过程中，人脑将在自愿服从协同统筹的情况下，根据各自的优势特点被灵活有效地协调用作某一部分的计算功能。超级协同智能将可能极大地改变我们这个星球的格局，乃至宇宙空间的格局。想象一下如果有一个具有相当于爱因斯坦 5 倍的抽象思维能力的强大智能系统出现，世界将会变成什么样。

百度问答、知乎等互联网业态显示出知识共享的雏形，而“协同智能”将是知识共享的高级阶段，在走向这一高级阶段的过程中，人类将建立起更多的基于互联网连接的知识共享创新业态和模型。根据目前的科学推测，人脑毕生只发挥百分之几的潜能，而绝大部分潜能并未得到发挥，在类似“超强大脑”的电视节目中，显示出经过训练的大脑能够产生超出想象的非凡功能。显然，无论何种理论发现和科技发明，都是人类智能在知识共享基础上的一点点突破，是一种知识聚集突破的过程。尽管完全弄清这一过程仍有许多障碍，但人类知识加快聚集并在认知上强力爆发的趋势越来越明显。人类大脑是自然界最强大的创造力，决定着人类的空间和未来，如果将人类整体智能提高一点点，将带来人类文明的飞跃。人类也将在研究自身的思维中，逐步从个体性思维转向群体思维模式，从个体智能更多转向协同智能。

人工智能是人类智能的一个影子映射，它恐怕永远无法真正脱离人类智能而存在。未来“协同智能”的出现和发展，并不会从根本上改变思维的个性化，而“协同智能”的只是世界将为我们提供的一种思维网络工具，在不对个体产生强制性控制的影响下，如果我们愿意，或者在交易付费的情况下，我们可以选择“协同智能”的思维网络，帮助我们采取某种决策或者解决某个难度极高的抽象理论问题。我们的目标并非追求一个人人智力平等的时代。可以想象，所有的人都丰衣足食不用为生计忧愁的时候，我们的社会是否仍会拥有创新发展的活力；而当所有人依赖“协同智能”消除智力个体化差异时，我们人类的智能思维是否也像步入“热寂世界”一样。

6.4　深度学习与自我进化

中国围棋天才柯洁对阵谷歌设计的人工智能机器人 AlphaGo 吸引了全球的目光，而 AlphaGo 大获全胜让人们看到了一个人工智能新时代的来临。在计算机行业，人工智能并非是一个新名词，实际上很多年前它就已经存在，人们对它的研究也旷日持久。对于人工智能的应用，人们早就梦想在生产和生活中出现各种智能机器人，来帮助和替代人从事各种烦琐、枯燥的体力劳动。另外，在各种影视作品中，艺术家们提出了一个令一些人感到疑虑的问题，那就是机器人是否可能挑战人类，并对人类的生存带来挑战。今天出现的人工智能计算技术软硬件也有了革命性的大变化，AlphaGo 系统能够同时并行数以千计的的 CPU 和 GPU，非结构化数据处理技术和智能模糊技术快速发展，包括各种计算机数据算法技术的发展，类似像分类与聚类算法（Classification and Clustering Algorithms）、决策树（Decision Trees）算法、遗传算法（Genetic Algorithms）、支持向量机（Support Vector Machines）、分层式即时记忆（HTM，Hierarchical Temporal Memory）等。

我们来看看人工智能发展简要的历程。1950 年被称为人工智能之父的阿兰 • 图灵在一篇论文中《机器会思考吗？》中提出图灵测试的设想：把一个人和一台计算机分别隔离在两间屋子里，让屋外的提问者对两者进行问答测试。如果提问者无法判断哪边是人，哪边是机器，那就证明计算机已具备人的智能。然而多年过去，人工智能并未取得大的突破。

1981 年的诺贝尔医学奖获得者 David Hubel、Torsten Wiesel 和 Roger Sperry 从生物学角度发现了人类视觉系统的信息处理的分级机制。2006 年，加拿大多伦多大学教授 Geoffrey Hinton 和他的学生 Ruslan Salakhutdinov 在《科学》上发表论文《神经网络与机器学习》，提出基于多层神经网络模型的深度学习（Deep Learning）理论，给出了训练深层网络的新思路，提出先分层进行预训练，然后把预训练的结果当成模型参数的初始值，再从头进行正常的训练过程。这一看似简单的模型使人工智能取得重大突破。

2011 年，微软研究院和 Google 的语音识别研究人员先后采用 DNN 技术降低语音识别错误率 20%~30%，获得语音识别领域十多年来最大的突破性进展。2012 年，DNN 相关技术在图像识别领域取得惊人的效果。短短几年，深度学习颠覆了语音识别、图像分类、文本理解等众多领域的算法设计思路，渐渐形成了一种从训练数据出发，经过一个端到端（End-to-End）的模型，然后直接输出得到最终结果的一种新模式。同时由于 GPU 数据硬件处理技术的快速发展，使深度学习能够借助计算机大数据处理，对各种智能学习识别参数加快处理，基于深度学习的人工智能进入快速发展轨道，尤其在人脸识别、语音识别和文本理解等方面。

20 世纪 90 年代我在华中理工大学读计算机工程时，当时有一门科技哲学课程的老师组织了一场辩论，让学生分成两派辩论类似生物和机器人的科技发展是否会导致失控的人类灾难，辩论很激烈，但没有也不可能辩论出让人信服的结论。然而在那个年代，在大多数人的认识中，人工智能是难以超出人类的思维能力的。那时也有人机对弈的象棋和围棋程序，计算机的象棋对弈技术已经有比较高的水平，但计算机的围棋对弈水平却很低。到今天，计算机的围棋对弈水平超越人类，并非仅仅是因为计算机处理速度加快，而是计算机人工智能拥有了一种前所未有而又让人不得不忌惮的“学习能力”，计算机技术人员还为人工智能发展了所谓的深度学习能力。

人工智能机器人获得学习能力，显然是科学家们在计算机算法上取得的突破，同时互联网技术的发展为这种算法的应用奠定了基础。可以预见，拥有学习能力的人工智能机器人会比以前人们认识的那种被动操控性的机器人拥有更多主动性，足够让更多艺术家和普通民众担心这种学习能力带来的主动性可能让机器人逐步变得更加有侵略性，并使人类操控人工智能存在更多风险。学习能力也意味着人工智能机器人获取的智能并非是一蹴而就的，而是通过学习来逐步建立的，科学家通常会采用基于某种智能算法的“训练”学习方法来提升机器人的智能。对人工智能机器人进行训练，也使一些人产生一种疑虑，那就是机器人是否也可能突破人类所掌控的界限，而人类可能对其无法约束时，可能意味着也难以消灭它，甚至担心是否面临自身被消灭的悲剧。

按照 DNN 深度学习模型理论，机器学习过程包括无监督学习（Supervised Learning）和监督学习（Unsupervised Learning）两个过程，其中，前者事先没有任何训练数据样本，需要直接对数据进行建模，而后者是通过已有的训练样本数据来进行有针对性的训练，从而得到一个最优模型，如果利用这个模型将所有新的数据样本映射为相应的输出结果，并能对输出结果进行正确判断，那么证明这个模型是有效的最优模型。随着人工智能技术的发展，机器的学习过程也可能被自动化，包括监督学习的过程也可能被大大缩减，这样人工智能将可能演进成只需少许人工指导，就能够在更高层次上自我演进。人类也将面临一个尴尬的挑战，即担心是否能够驾驭人工智能具有更高自我学习和自我演进的能力。

对人工智能采取云端化的功能组织模式将是人类驾驭人工智能风险的一种途径，这意味着一部分关键人工智能将被置于人类可控的云端。人工智能在互联网时代被赋予了新的发展生机，这是因为它能够从互联网吸取无穷的力量。互联网已经成为融合各种数据和智能应用的海洋，正是因为如此，人工智能通过连接互联网，能够从这个海洋中吸取很多养分，从而使自身的“智力”迅速提升。然而，云端的管控将成为人类对人工智能控制的关键，人类将可能不得不采取措施，确保云端智能能够对整个人工智能产生关键性影响，包括能够对人工智能进行认证管理，对人工智能机器人进行在线控制，并且确保云端智能受到严格安全保护，不受网络攻击。

然而不能排除也很有可能发生的是，私人控制的人工智能很可能对群体和社会带来风险冲击，未来如何确保人工智能符合公众利益，将是未来随着人工智能走向社会化面临的一个艰难挑战。

起初在人类希望驾驭的人工智能方向中，人们希望人工智能首先能够替代人类做一些烦琐的劳动，然而让我们吃惊的是，今天人工智能在一些知识密集型领域如医疗、法律、金融等行业，显现出比体力劳动领域更活跃的应用迹象，事实上，国际上尝试把人工智能应用于传统知识密集型领域，让这些领域的一些工作岗位变得岌岌可危。未来人工智能将代替哪些领域、哪些岗位？人工智能的统治力到底会有多大？

人工智能仍然处在一个学习理解世界的阶段，也许更准确地说只是一个一知半解的阶段，由于每一个知识细节可能只是冰山一角，后面蕴藏着更复杂的知识，尽管人工智能可以帮助我们了解更多的知识，我们现在还很难完全依靠人工智能来做出决策或预测。但如果有一天我们决定让人工智能来完全做决策，如何确保人工智能符合基于公众利益的理性模型，如何解决人工智能的安全监管与道德监管，将成为人工智能工业体系的关键。

第七章 互联网资本与财富变革

随着互联网巨头们拥有强大的市场与资本力量，“互联网新资本主义”成为经济社会领域的一个新名词。网络时代的社会财富形式在发生改变，财富的制造方式在发生改变，财富的流向也在发生更深刻的改变。当资本与财富的游戏规则被互联网改写，当马太效应成为互联网时代的巨型车轮，未来人们将直面互联网浪潮冲击下的社会阶层进一步分化的迷惘。未来我们面临的不仅仅是数字鸿沟，还有市场鸿沟和财富鸿沟。

7.1　互联网资本化与马太效应

互联网精神是什么?

不同的人有不同的答案。查询互联网，发现对这个问题最多的答案是平等、自由、开放、共享。先抛开其他的如自由、开放、共享，互联网世界真的体现平等精神了吗？单纯从某个视角看是如此，平等对很多人而言是一种精神理想主义，更多人可能会从现实主义角度看，与现实世界一样，互联网世界也并非真正平等，并且不平等可能已经成为互联网秩序的基础。抛开美好的理想主义，我们不得不清醒地认识到一个不那么美好的事实，对互联网来说，平等意味着无序，而不平等才意味着秩序。

1995 年，曼哈顿政策研究所研究员 Peter Huber 在哥伦比亚新闻评论上发表文章，称互联网意味着巨头企业垄断时代的结束，然而这个预言现在被认为是关于互联网最不靠谱的预言。今天围绕互联网构建的市场与资本均呈现出强大势力，伴随互联网资本化，互联网巨头们成为一支迅速崛起的力量，他们的垄断力量甚至让人们想起美国的洛克菲勒、卡耐基和摩根的垄断时代，互联网资本构建的市场马太效应显现强大威力。

李泽楷创立的 TOM.COM 曾经在互联网领域创造了一个财富神话，尽管这个神话在很大程度上是一个泡沫，但它仍然是互联网作为一种新的财富工具改变世界财富分配格局的一种象征，就像雅虎和谷歌所做的一样。在互联网传奇不断出现的时代，我们也许很快会发现一个又一个更加神奇的“汤姆”回来。

互联网市场存在两把利剑，一把叫作市场颠覆，另一把叫作自我颠覆，当市场主导者能够做到两者合一，就如练就了不败金刚之身，而互联网巨头们似乎已经练就了不败之身，让互联网的经济生态形成一种“不平等”秩序——主导威权，远远超过许多传统行业。无论在国内还是在国际上，互联网领域形成寡头局面比其他行业似乎更加显著，它们已经主导互联网最强大的平台市场，在其控制领域内几乎找不到与之抗衡的对手。近些年，互联网巨头纷纷出击收购，将很多具有竞争实力、创新型的专业互联网商收入囊中，形成一个渗透力更强的互联网产业和更加巩固的互联网地位。这些互联网巨头企业不仅自身创新能力强，还对于有些希望通过创新冒头的小互联网商是个噩梦的开始。

对于无数创业者来说，互联网是一个天然适合“革命”拼搏的场所，他们怀揣着“革命”的梦想，希望打破互联网秩序，但他们不得不痛苦地发现，曾经作为互联网“革命者”的互联网巨头们已经构筑了看上去“等级森严”的互联网秩序，绝大多数创业者只能徘徊在互联网的边缘地带。新浪、搜狐等门户网站，京东商城、苏宁易购等商务网站，以及众多的专业网站已经形成一定的优势地位。无数带着憧憬，划着木桨冲进互联网“海洋”的创业者发现，自己的小舢板在互联网的浪潮中是如此脆弱，根本经不起那些已经成为巨型“铁舰”的互联网巨头们的撞击，创新激起的那些浪花大多不久后归于平静。对于许多希望“耕耘”互联网，尤其是梦想在互联网领域创造新的奇迹的人来说，未来互联网将会向怎样的生态演进，未来互联网何时会再现颠覆式的奇迹？没有人能够真正预测未来，但你也许能够窥见未来。

这些互联网巨头的服务无疑并非无懈可击，也存在许多问题，但我们似乎找不到更好的选择。很多人期盼百度能够出现一个竞争对手，那个聪明的竞争对手能够把无聊的商业信息和用户真正想要的信息分开，但现实是新的搜索引擎只是做得更加不足。淘宝发展到今日，商品种类繁多无可匹敌，每种商品有销量的用户也就几十家，这几十家也很可能是几个商家开了很多账号，很多后进入者想创业会发现要再闯出天地来非常艰难，缺乏新的强力平台商能够为这些梦想者打破规则创造更好的模式。今日，互联网巨头们的垄断领地似乎牢不可破，并成为许多有雄心互联网创业者前面的一堵墙。

经济学家和法律专家也感到困惑，全球互联网市场飘扬着自由创新和“轻手管制”的旗帜，互联网市场是在创新的竞争中形成的市场威权格局，统领者的威权并非由于特权经营或者资源垄断才形成，不存在形式上的准入门槛，总存在开放性的竞争压力，他们多数情况下不向用户收费，也很少有明显强制性的垄断行为，这让反垄断机构似乎找不到反垄断的理由，相关的经济和法律理论也在盲目中，尤其是微软公司反垄断案例失败后，大多数经济学家和法律专家对微软持支持态度。

保持互联网创新活力，需要互联网不断进行“再平衡”（Rebalance），我们也需要一个在创新中不断“再平衡”的互联网世界。这种“再平衡”首先来自互联网内生的创新力量，而法律和政策外力参与也可能越来越成为不可缺少的力量，就如同百度的兴起与国家的支持是分不开的，十多年前，Google 曾是中国搜索引擎市场的统领者，国家“网络长城”的建立让 Google 在中国的市场份额急剧下降，从而使百度有机会超越，成为国内搜索引擎的新领跑者。互联网市场天然是一个全球性的市场，也成为国家经济利益竞争的新焦点，在互联网内生创新力量存在不足的时候，外生的政策和法律力量成为一种制衡。

管制政策的“有形之手”如何作用在互联网商业市场上，这是经济学和法律界面临的新课题。许多人担心“有形之手”会束缚互联网创新，长期以来互联网大多数时候是市场先于政策法律的，支付宝、P2P 金融、专车、VoIP 即时通信等很多互联网业务都游走在政策边缘。对政府管理者而言，如果政策法律制订过早，可能会扼杀新兴业务，制订过晚，市场可能会出问题。

互联网作为一种“新经济”业态，显然现在法律监管机构对互联网商业垄断给予了更多宽容，有些人称之为“轻手管制”，而“轻手管制”的初衷也是为了扶持新生经济和避免不必要的管制阻碍发展。在互联网领域，在许多人看来，一个统一的市场就像一个统一的网络一样被认为理所当然，而且呈现出市场边界模糊化的状态，许多产业通过互联网被融合起来。传统的反垄断理论关于市场界定的认定受到挑战，同时，由于互联网使交易成本下降，传统的经济学理论中因为垄断而带来“哈伯格三角形”福利损失能否应用互联网领域，加上互联网天然的国际化竞争模式，导致垄断影响本国互联网企业竞争力，不少人对互联网领域的反垄断持否定态度。

我们可能很快迎来这一天，互联网也将成为传统经济的一部分，而其在反垄断领域享受的豁免权也将面临越来越多的质疑。与传统产业不同的是，互联网领域显现出前所未有的跨产业垄断性，这为未来的经济格局与产业政策带来挑战。

许多传统企业殚精竭虑希望使自身的产品业务与互联网关联起来，希望自身产品被视作互联网化的产品，因为互联网企业估值与传统企业存在很大差异，企业的价值就会被抬升很多，这种奇特的互联网“价值观”风靡投资领域，这使互联网企业可以轻而易举扮演“蛇吞象”和“资本大鳄”的角色。

传统企业渴求打上互联网烙印，与其说这是一种赶时髦、抬身价的行为，不如说是一种互联网时代传统企业面临互联网冲击的一种资本竞争的自卫策略。在成为有力资本杠杆手段和某种垄断工具的同时，互联网是否能够成为一种管理杠杆工具，让产业管理更加容易，这是所有企业包括传统企业和互联网巨头企业的领导者都希望知道的。互联网化的管理成为讨论的热潮，然而对于何谓互联网化管理，仍然是一个模糊的观念。

7.2　后资本化时代变革

21 世纪，互联网业务的快速发展伴随着一轮又一轮的资本浪潮，很难说是资本驱动了互联网浪潮，还是互联网驱动了资本浪潮。显然，互联网业务与互联网市场的兴起离不开资本的力量，而且这种资本力量存在的方式不同于过去任何一个行业，尤其是众多的互联网创业资本的出现与发展，不仅深刻地改变了互联网市场和资本市场，还为企业创新发展带来变革性影响。

我们身处一个许多资源都在加速资本化的互联网时代，包括一些公共资源也将可能资本化。比如高等教育资源也可能变成一种“免费”的教育模式，或许更贴切地说是一种资本化后付费方式，大学教育资源作为一种知识资本投入，不再收取学费，而是从你毕业后的薪酬中收取，比如按照入学协议，如果你从高等学校毕业后创立了一家公司，学校将可能获得 3% ~ 5% 的股权，或许还有类似这种协议条件，你创立公司的时间距离毕业期越短，学校应当获得越大的股份，因为你可能从学校受益更多，未来也许我们会采取像马云建立的西湖大学的做法。

我们来看一个传统企业的典型发展模式：公司投入注册资本，企业管理者招收员工，购买设备，生产产品，销售产品，将公司利润投入扩大生产规模……

现在一个新型互联网企业的典型发展方式是：公司创业团队开发产品，获得天使投资基金，然后扩大用户群，公司估值提高，再接洽风险投资机构出售股份，得到新一轮的投资……

互联网企业不靠收入、利润的积累扩大再生产，而是依赖资本运营来发展壮大，这像是一场纯资本游戏。类似京东多年亏损而估值却不断增长一样，许多人经常觉得费解。尽管许多互联网企业尚未等到上市就夭折了，但就像 BAT 这样的互联网巨头的成长一样，它们都离不开创业资本力量。这些资本力量竞逐的背后是互联网世界隐现的潜力和魔力。

各种创业资本、天使资本、风投资本涌入互联网行业，并向一些新兴行业拓展。互联网企业在资本市场上呈现出前所未有的热门，与传统企业采用折现现金流、市盈率等方法不同，投资机构对互联网企业常用类似爱因斯坦相对论中质能转换的公式 $E = mc^2$ 来估值，即企业的价值 E 等于用户的平均消费价值乘以用户数 c 的平方。这种估值方法显然让企业价值大大提升，甚至远远超过企业的现实价值。如今我们可以看到，当阿里巴巴、百度的收入还达不到大型电信公司的十分之一时，其市场价值却已经是大型电信公司的数倍。资本的力量对互联网的追求让许多传统企业对于嫁接互联网趋之若鹜，一些传统企业只要关系到网络教育、网络游戏业务，资本市值便疯狂抬升，即使在一些很小的垂直细分市场，也常常冒出估值惊人的互联网公司。

互联网对企业资本价值呈现的奇特的放大效应，深刻地改变了全球经济与市场，这种放大效应让资本市场不断上演“蛇吞象”的奇观，如曾经让美国 AOL 轻松吞并比自身大得多的广播电视网络公司时代华纳。尽管这种曾经的疯狂如今变得理性一些，但显然游戏并非结束。

列宁曾经断言：金融资本将主宰资本主义世界，而如今互联网资本正显现出堪比摩根时代的金融资本的“侵略性”，互联网大型公司凭借超高的市场估值和资本嫁接力量，变成新的资本中枢力量。它们通过资本游戏构筑和延伸网络生态，追求多元化，打造网络世界，并向所有的产业渗透。它们以高市值为依托，再投资新兴互联网公司，或用互联网包装传统企业资产，创造更大的变现能力，从而构筑一张延伸许多领域的资本网络。在资本市场的烘托狂潮下，互联网大型公司变得越来越充满挑战性，这将使许多传统企业在资本市场边缘化，并且由此变得更加脆弱，而对于一些传统的大型企业，未来最大的挑战也正在于此，甚至这种来自资本市场的挑战远远大于止步不前或令人悲观的市场挑战，导致传统企业在资本市场融资困难，或者被迫出售资产，或者只能接受被并购的命运。

21 世纪初，互联网浪潮兴起的时候，曾经广泛流传着一个笑话，一个乞丐在街上捧着写有“beg”的纸牌乞讨，没讨到多少钱，后来有人帮他写上“beg.com”，他变成了富翁。如今，互联网的魅力仍然不减，资本市场不断在演绎相似的“幽默”故事。现在流传的 2.0 幽默版本也许是这样的，一位修理工辛辛苦苦攒钱开了一家修鞋铺，挣不了多少钱，后来有人帮忙写上“O2O 修鞋”，很快有人投资让他把全城的修鞋铺买下来。凭借一个创意或一个商业计划书就可以融资的时代或许已经过去，但将传统资产“互联网杠杆”变现，这成为一股潮流。一群新兴的投资掮客正逐渐大行其道，他们擅长把互联网作为传统资产变现的平台，让传统产业嫁接上互联网概念，然后拿到资本市场包装成市值疯涨的公司。

“互联网 +”是一场产业变革，意味着企业从“触网”向互联网渠道拓展，再到互联网化运营，同时从某种角度看“互联网 +”也是一种“资本 +”的游戏。企业需要借助“互联网杠杆”作为一个资本工具去撬动更多资源。尽管许多传统企业对所谓“羊毛出在狗身上”的互联网模式嗤之以鼻，但你不得不面临的一个现实是，要么主动拥抱互联网资本力量，要么被互联网资本力量淹没。

对于传统的企业来说，它们面临的一个共同课题是，哪些企业资源可以互联网化，并通过互联网化增值，提高企业的变现能力，同时最大限度地利用“互联网 +”杠杆，使互联网成为企业延伸资本力量、产业领域的链条和平台。我们越来越多地看到这样一种场景，一家传统企业把自身的售后维修业务单独剥离，并与创投资本合作，打造了一个社会化的互联网 O2O 维修平台公司。

7.3　从数字鸿沟到财富鸿沟

在互联网推动全球数字化连接的浪潮中，数字鸿沟问题一直是世界关注的问题。一些落后的发展中国家薄弱的网络基础设施，影响了其拥抱互联网数字化时代，也影响其经济增长和对互联网财富的挖掘。从国家层面看，互联网一方面会产生很大的技术推动和外溢效应，帮助许多国家获取科技与经济信息，提升国家高科技实力与促进经济发展；但另一方面也不可忽视，互联网也会带来的一些新的矛盾，跨境的数据流和数字贸易呈现出显著不平衡的状况。

从全球范围看，多数发展中国家也在互联网推动的新经济发展中面临更为尴尬的处境，互联网正在成为一些领先国家输出经济与文化力量的有力工具。显然，互联网在推动全球新经济快速发展的同时，也带来新经济不平衡的问题，而且在多数国家我们几乎看不到有改观的趋势。

从市场结构看，互联网带来的电子商务革命使许多商品领域分割的区域市场逐渐消失，从而使市场经济的马太效应更加突出，而在互联网自身许多技术与经济领域，更呈现出一家“有一无二”、一家独大的市场特征。随之而来的是社会财富格局的变化，我们将不得不面临一个越来越清晰的事实，社会财富的马太效应日益加剧。

现在互联网成为放大资本杠杆和快速积累资本财富的一种神奇工具，互联网巨头们开始成为新一轮的资本家。一个传统企业，只要贴上了互联网的标签，资本估值就会膨胀式增长，同时互联网推动各种资源走向资本化，各种资本工具不断衍生，我们不久可能会看到一个与许多理论判断相反的现实，那就是互联网浪潮下的全球“资本主义”可能将达到一个前所未有的新高峰。

人工智能技术的快速发展，将可能给世界带来全新的变革，我们可以在新的变革中看到许多商机并憧憬美好的生活，然而在这些美好中也蕴藏着无法忽视的潜在危机。人工智能技术将减少很多工作机会，譬如无人值守商场、无人装运码头、无人工厂车间、无人服务餐厅等，这些“无人经济”的兴起必然带来失业问题，但几乎没有一个国家真正做好应对措施。这些智能技术将使一部分以互联网为代表的高科技巨头的财富进一步倍增甚至富可敌国，同时将使许多人失去宝贵的工作机会，我们可能面临一个极端马太效应时代的来临，空前失衡的财富格局将使现有的社会运作体系面临巨大挑战。

乐观的人会说，越来越完善的社会福利体系将帮助我们克服挑战，就像我们过去一直在做的。理论上讲也许是这样，然而我们需要清醒认识的问题是，我们现在形成的社会结构大多数是纺锤型，即中层阶级群体最大，同时社会形成多层次递进结构在相当程度上缓解了社会矛盾。从智能机器人技术的发展看，不仅许多低端岗位如搬运工、车间工、快递员、服务员面临生存危机，许多白领工作岗位类似会计、律师也面临生存危机。

当多数人依靠社会福利生活，而少数人富可敌国的时代来临，我们无法想象在这种财富鸿沟时代会面临怎样的社会心理危机，是资本家将被迫用机器人捍卫财富地位和法律秩序，还是资本主义时代终结并走向均衡福利时代？未来这对构建在民主与私有制基础上的全球大多数国家将是一个巨大挑战。

一方面，随着互联网业务与技术的普及，普惠金融、消费金融、产业链金融等借助互联网技术手段得以更便利地普及和公共化，许多民众成为互联网金融的用户和受益者；另一方面，随着人工智能的兴起，掌握人工智能的首先是处于互联网利益链顶层的利益集团，它们将推动诸如计算量化投资、智能金融机器人理财顾问等快速发展，借助人工智能而变得更为富有。借助互联网技术，金融流动性越来越快，投机性资本的跨区域流动也急剧加快。同时，人工智能将会削弱国家在财富分配方面的作用，很多人没有工作，巨头企业雇佣少量人即可创造大量财富，而国家在相当一段时期内仍然无法替代企业直接创造财富的角色。当一个一亿人口的国家中只有数百万人工作，那么其他人如何获得财富并生存？这是一个未来社会即将面临的挑战。

7.4 速率革命与新财富变革

互联网从 2000 年左右以电话线窄带接入为主流，到 2005 年左右以 DSL 宽带接入为主流，再到 2010 年开始逐步以光纤接入为主流，网络接入速率在不断地成倍增长，骨干网带宽增长更快。网络速率的大幅提升，带来网络流量的高速增长，网络业务种类越来越丰富，网络速率提升成为推动网络创新的重要引擎。关于互联网网络速率，曾经也有一个类似芯片摩尔定理的吉尔德定理，提出者是被称为“数字时代三大思想家”之一的乔治·吉尔德，他曾预测：未来 25 年，骨干网的带宽将每 6 个月增加一倍，而这一增长速度是摩尔定律预测的 CPU 增长速度的 3 倍。同时他认为，未来的成功人士将是那些更善于利用带宽资源的人。吉尔德定理是否准确并不重要，事实上无论是互联网骨干网速率还是用户接入速率，近十多年来都在呈几何级的速度提升。速率的提升给用户使用互联网业务带来了方便，也给经济和企业带来巨大影响。

网络速率的提升带来国民人均享有流量财富的上升，而人均流量财富的上升将伴随国民财富的上升，这是互联网速率革命的本质所在。同时，我们将看到流量结构的变化也将对人类财富的分配方式产生重要影响。无论对于企业还是个人，流量财富能否变成经济财富，将取决于其对流量的利用和消费方式。对个人而言，知识性流量和娱乐消遣性流量在其消费中的结构比例以及消费流量，将会直接影响一个人的经济财富水平。同样地，对于一个企业而言，如果从其接入互联网的带宽流量中分析到知识性和娱乐消遣性流量的结构，也将可以判断出这个企业的市场竞争力。

我们再看看互联网速率革命如何作用在宏观经济上。现在互联网的接入速度正处于快速增长中，2013 年 9 月，Akamai 在发布的《互联网发展状况报告》中对此提出了一个研究结论——一个国家宽带速度提高一倍，其 GDP 就提高 0.3%，同时有研究调查论证了另一项数据——每 1000 个新的宽带连接创造 80 个新工作岗位。不管这种调查结论是否准确，但从国家与社会宏观层面看，互联网宽带接入速率的提高确实在不断改变经济社会。举一个更好的例子。20 世纪 90 年代以来，韩国的互联网宽带速率一直在全球处于领先水平，无论是有线宽带网和无线宽带网，从 21 世纪初开始，在不同机构发布的报告中，韩国的宽带速率在全球居于首位或前列。与此同时，韩国的信息技术产业从 21 世纪初以来处于蓬勃发展的上升态势，该国是全球最早发放 3G、4G 牌照的国家之一，同时采取了将移动技术运营制式选择与信息产业制造相协调的产业政策，大力推动无线宽带网络速率提升。网络速率的提升为推动互联网应用市场繁荣打下了基础，也为推动信息技术发展奠定平台。在“速率革命”的驱动下，许多国家建立了国家宽带战略，这一战略不仅提高了宽带普及率，更重要的是提升了网络速率。

速率“革命”也会作用到市场经济中的企业，这意味着作为经济微观单元的企业，不仅仅是信息通信企业，也包括每一个用互联网连接的企业面临着改变的机遇和挑战。那么互联网网络速率的提升到底会为企业经营和管理带来何种影响？当新一轮的速率提升浪潮来临的时候，企业应该做好何种准备，我们将会面临何种机遇？当互联网网络速率和流量提升了数倍甚至几千几万倍，你的企业与互联网交互的速度和流量是否在以同样的速度大幅提升？企业与互联网交互的速度和流量代表着这个企业信息交互的活力，缺乏应有的速度和流量增长很可能意味着企业在互联网化中被边缘化或面临无所适从的障碍。建立更好的与互联网信息交互机制，让互联网的速率和流量增长成为驱动企业信息化变革和经营变革的助推器，因此，企业需要考虑互联网的速率与流量增长能否为我们在客户服务界面上提供更好的体验，企业的产品能否随着网络速率提升有更好的交互，企业内部流程是否在同步提升，你所在企业的信息化水平是否仍然没有变化，是否能够建立由低速率到高速率的流程响应等。

互联网速率的提升给网络可视商务和虚拟现实的推行带来机遇，这是未来推动企业经营和服务变革不可忽视的力量。网络可视商务首先带来网络销售模式和客户服务模式创新，我们将可以随时随地看到商品的细节，让商务活动中许多远程交流犹如面对面，更重要的是，许多单向网络服务模式随时随地可以变成双向交流模式。比如，我们来展现一个简单的可视商业场景。分众传媒打造的商业模式创新曾经引起广泛关注，其电视屏广告遍布许多楼宇，建立了一个覆盖广泛的广告网络。那么随着基于互联网的可视网络服务兴起，下一个“分众”将会以何种面貌出现？下一个“分众”建立的不再是单向的广告模式，用户看到的将不再是简单的电视屏，基于无线互联网的互动型的广告视频将成为主流，在电梯里、厕所、候车站、社区等，我们将随时随地看到无数小型互动型广告视频，采用新技术的点击和交互方式，将涌现更多的线下流量入口。

当网络速率大幅提升的时候，无线网络流量价格成为未来许多互联网商业模式创新的关键，我们的生活将被基于移动通信网络的互动视频所包围。当你在大街上等待汽车或在公共汽车里的时候，无线视频播放的广告可能吸引你，只要你有兴趣购买，就可以点击屏幕，可以与客服人员在线互动，查看产品细节；你可以点击产品或拍照，让产品图像中嵌入的数字信息发送到你的手机上，以便可以在线购买，购买之后，也许还会得到一张公共汽车电子免票……当 3G 转向 4G、4G 转向 5G 时，也是互联网的一些应用领域开始出现新的创新潮流的机遇之时，一些基于视频、大数据运算量的应用需要高带宽的连接，某些基于云端计算的人工智能也在此范畴。网络连接的速度将可能与云端化的人工智能实现的程度有直接关系，尤其从整个社会角度看，比如未来的智能自动驾驶，如果每一个自动驾驶汽车能够以高连接速度与周边的每一个自动驾驶汽车交换信息，将无疑会提高自动驾驶的安全性，也会提高整个自动驾驶网络的智能能力。

网络速率提升和流量价格下降，将让我们看到越来越多的联网信息设备，许多简单的家用日常设备可能变成联网信息设备。联网也意味着许多产品的销售模式可能发生变化，可能更多地从产品销售模式走上运营服务模式。例如，你家里需要挂钟，你无须再花钱购买，有人会赠送你智能挂钟，这种智能挂钟具有无线联网功能，当你看时间时，可以看到能够互动的视频广告，当你询问时间时，它会通过语音回答，顺便也播送一条广告，当然免费的代价是你必须忍受广告或者购买物品。如果你不担心广告太多，或许还可以收到商家赠送的免费梳妆镜，镜子上也有视频互动广告，比如化妆用品、美容用具、头饰用品等，甚至有更多你想象不到的功能……

网络智能化伴随着网络速率革命，当谈及网络智能化时，电信运营商和网络技术专家心目中的智能化就是 TCP/IP 技术智能化。在互联网出现之前，数据网络上要建立一条可靠的数据链路传送，需要许多人员对网络设备进行配置，这就像是一个人工接力游戏。互联网 TCP/IP 技术出现之后，电信运营商无须在费力对每个数据路由进行烦琐的配置。这些数据流就像具备迁徙智能的“动物”，能够寻隙而流、寻路而达，在无数条路径中找到自我流向的目的地。今天，网络技术专家仍然在为数据网络更加完美的智能化传送技术而奋斗，他们希望能够做到网络流量的精确、自动控制和分类管理，让网络具有更高的自动修复的智能。对于大多数人来说，网络传送技术的智能化只是一种低端的数字智能化，就像生物细胞进化一样，并非普通人所关心的，人们梦想和关注的是互联网高端应用的智能化，这种智能化意味着互联网能够与用户交流并为用户“思考”。

7.5　从流量财富到数据财富

马克思曾经说过，“资本主义发展到垄断阶段，金融资本垄断一切”。随着互联网的兴起和连接一切，金融资本正在与互联网有机地结合起来，金融资本互联网化成为一个趋势。然而，未来我们将可能看到经济学家或者统计学家向我们展示的一张图，这张图将显示出金融资本将在互联网化中转化成流量财富与流量资本，流量越多的地方，也将是金融财富越多的地方，金融财富中心也将成为流量财富中心。

互联网巨头们正在把自己在互联网体系中的流量中心地位有效地变成金融财富中心，BAT、Google、Facebook 都意识到了这一点，它们大举并购旗帜，把许多流量新贵纳入自己的流量势力范围，同时它们推出各种金融工具和衍生工具，显然这已经大大改变传统金融财富的格局，而且似乎没有什么能够阻止它们在未来不断巩固和加强地位，无论是在互联网流量格局中还是在金融财富体系中。

流量财富的汇集与流量的自由流动性和经济自由化密切相关。随着经济的全球化和市场自由化，互联网流量的自由流动也将成为趋势，网络空间自由化和主权化的争议将可能上升为全球经济一体化的斗争。

相比纯虚拟货币，以流量作为基础来设计网络货币更具有价值和符合经济增长特点的优势。虚拟货币设计的非通货膨胀的特点也不符合经济增长规律，而流量货币的消费过程中可与网络流量联系起来，通过某种机制的设计，基于流量的货币体系更具有内在价值，并且随着流量的增长可以实现一定的通货膨胀性，满足经济增长和政策信用设计的要求。

数据经济时代的来临，将推动互联网经济从流量财富时代走向数据财富时代，有价值的数据资源将进一步成为互联网的财富中心。许多专利、工业秘密也以数据形式存在，这使数据财富将在更大程度上能够反映一个国家和地区的财富实力。数据财富的竞争将成为互联网领域更高阶段的主要竞争形式。数据财富相对具有更好的内在价值性、可交易性和稀缺性，基于数据价值的货币体系设计将可能演变成为未来互联网世界一种通行的“数字货币”。

第八章 企业智慧与网络连接

在网络时代，企业从网络汇集资源，又通过网络向市场输出产品。网络空间左右着企业发展的未来，如何利用网络汇聚最大的能量，如何在网络空间发挥最大的能量，是每一个企业面临的挑战。企业需要通过互联网不断提升自身的企业智慧，而企业智慧意味着企业需要拥有更多的连接、更强的连接、更智慧的连接。企业需要在网络连接中不断让自身的能量映射到网络上，但又不能在网络中弥散力量；企业需要不断从网络中吸收能量，但又不能被网络的陷阱所淹没。

8.1 智慧即更多、更强的连接

当我们与外界交互的时候，智慧决定了我们与周边人群及事物连接的能力。你拥有的智慧越多，连接越强，这意味着你可以与周边更多的人物及事物更好地交互。当你处在一个陌生环境中，你与周边建立连接的能力决定你把握周边环境的能力，能否有更多的连接信息，能否有更有效的连接能力，决定着你在这个环境中的成功与失败。互联网从总体上拓展了人类的连接能力，能够让我们随时随地与诸多群体建立连接，只是这种连接是虚拟方式，而对于一个沉迷于虚拟世界的“网瘾患者”而言，这种过度的虚拟连接可能削弱其在现实环境中的智慧连接能力。诗人与“疯子”都能够与无生命的世界建立许多连接，但本质区别是一个因为智慧，另一个因为迷幻。

物联网时代已经开启，越来越多的感知连接将为人类开启一道新门，也将让人与世界的连接掀开新的一页。如一档电视节目——“最强大脑”，选手需要从 300 杯无色无味的水中找出刚刚挪动过的 3 杯水，这要求人的观察能力极其敏锐。然而，物联网技术的兴起代表一个新的感知世界正在浮现，这个新的感知世界有助于大大提高普通人感知世界的能力，也意味着让世界变得更加透明。我们可以通过物联网感知技术以及背后的大数据、人工智能技术，获得前所未有的细致入微的环境感知能力，这种环境既包括现实环境，又包括情感世界。

人脸识别技术的精准度已经达到令人难以想象的地步，通过视频监控可以直接识别大街上行人的身份信息；一些犯罪分子纷纷被公安部门通过身份证库建立人脸识别技术缉拿归案。如果未来需要，我们可以利用感知技术从对方一丝不易察觉的表情了解对方的真实想法，这将让诸如外交谈判、商业谈判等变得空前奇特。目前，先进的汽车自动驾驶技术可以根据人的姿态来预测行人下一步的行走动作，这种感知预测能力也将应用在更多的智能传感技术中。

当许多人拥有这种超能力的感知时，更多人则会为这种前所未有的窥秘式感知而困扰，我们甚至不知道未来感知的边界在哪里。未来的技术可能在你与另一个人握手时，你手中嵌入皮肤的微型感应器可以轻而易举地感应到与你握手的这个人的年龄、健康甚至情绪状况。每个人都会由此变得非常“聪明”，但每个人又会为这种“聪明”而担忧。

对自然生命来说，连接意味着智慧变得更强大，当单细胞生命演变成多细胞生物，伴随的是更多的信息连接被建立，生命的智慧也随之变得更强大。当人的大脑血管随着老化变得僵硬堵塞，连接能力随之变得脆弱，智慧能力则变得无能为力。物联网技术帮助人类实现与更多非生命的无机世界进行信息连接与交互，这代表着人类智慧也将进入一个新的腾飞时代。然而这种智慧并非所有人都可以承载，可能会使人类面临一种智慧危机。

智慧不仅取决于连接的数量，还取决于连接的有效性，或者称之为连接的深度。这就像对于同一事务认识和理解的深刻程度，可能体现一个人某方面的知识水平。有效的连接意味着能够对连接的信息做更深入、透彻的数据分析，而人工智能与大数据技术将帮助我们提高连接的效率。未来的“智慧竞争时代”将不仅在于连接数量的竞争，还在于连接有效性的竞争。按照现在通常做法，连接将汇聚到集中平台，平台处理连接信息并将信息指令传送到更高层级的平台处理和决策。

多个连接汇聚到一个集中平台的“一对多”模式将面临挑战，随着连接终端资源的解构化，未来构筑“多对多”的模式不仅是可行的，也是必要的。这意味着连接信息将可以被分散的平台处理，这些分散和并行的平台可以从不同层面分析和比较信息，使得信息数据分析更加可靠也更加全面，连接的智慧能力也将随之提升。

在后互联网时代，智慧即更多、更强的连接！

8.2 企业“最后一公里”智慧

互联网引起的客户革命给企业管理者带来一系列变革与挑战，这些挑战贯穿于企业的内部与外部边界，从而给企业的内部组织和外部接应带来变化。对任何一个企业管理者而言，把握互联网客户革命的变革需求，是使企业在互联网时代生存并得到发展的根本。我们需要抓住互联网的机遇，面向互联网转型，成为互联网的强者，当互联网带来的挑战或机遇来临时，很多企业管理者会不断发出这样的呼喊。尽管这样，多数传统企业仍然会痛苦地发现，自己似乎总徘徊在互联网的边缘地带，尽管自己跟随互联网的脚步一刻都没有停歇，但步履缓慢、力不从心。一个始终困扰许多企业管理者的问题是，企业是否因为拥抱互联网，而变得更加智慧；企业的“互联网智慧”（互联网IQ）是否在提升。

对于一个具有互联网智慧的企业来说，企业管理者在企业与互联网的信息交互中有很多可以期待的东西，比如随时看到网络上关于企业形象信息和产品报道，看到产品在各个网络站点的销售情况，随时看到各地用户的服务评价，随时看到企业内部流程对用户的反馈，精确掌握用户对产品的改进建议等。这意味着企业 IT 系统在与互联网交互的信息中，不是变成一个仅向互联网输出信息的个体，而更多需要从互联网中吸取有能量的信息。

从企业互联网化运营所需的硬件资源来看，面向互联网建立统一的信息管理平台似乎正在成为一个趋势，然而当一些大中型企业将各种复杂的系统连接到互联网时，它们会发现面临一个比智慧互联网要“愚蠢”得多的臃肿平台。这个平台上往往有许多采用原技术的系统，要使它们彼此之间交互数据充满挑战。与越来越智慧的互联网系统相比，“最后一公里”成为许多企业在互联网化进程中面临的一大障碍。企业落后的信息交互能力，也经常成为企业互联网智慧的“短板”。

当企业需要建立面向互联网的商业体系时，我们不能忘记互联网是信息系统的本质；当企业需要借助互联网推进商业变革时，我们首先需要检视自身的信息系统与互联网的交互能力。这种交互能力体现在企业能够迅速从互联网信息中获得对企业有价值的市场、客户、产品、渠道等管理信息，能够对这些信息进行提炼、整合，将这种外部有效输入信息快速传递到企业内部的各个流程、环节，并保障企业内部对这种信息输入能够输出有效的反馈信息，诸如调整客户服务体系、改进产品、优化产品配送等。

虽然很多企业建立了在内部循环的 IT 系统，但是这些传统的 IT 系统覆盖企业的各个流程，也许还覆盖着企业的外围生态圈，往往严谨而又封闭。但在这个系统中，最为关键的用户往往是“缺失的一环”，像银行、电信、邮政等传统的 IT 服务系统，并没有用户的参与，尽管有些设立了用户自助服务系统，但这种自助服务系统的用户交互能力也非常有限。

互联网拉近了用户与企业的距离，也意味着在作为互联网“最后一公里”的企业 IT 系统中，用户将扮演着越来越关键的互动角色。实际上在绝大多数企业的互联网化进程中，建立面向用户的智慧服务系统成为首选。这种智慧的“最后一公里”不再像传统的 IT 系统那样死板、固化，而是具有更加灵活、动态的功能与架构，并且具有开放、模糊性的智慧功能，能够在企业与互联网的双向互动中，不断提升企业的互联网智慧。“最后一公里”IT 系统的互联网化、智能化，是互联网系统演进的关键所在，也是诸多互联网 IT 技术服务的商机。

智慧“最后一公里”为企业提供以下一些典型的互联网销售作战场景。

企业多个层级管理者通过各自屏幕上显示的互联网实时市场“作战地图”进行交流，地图上显示在某个区域或某个网络站点的市场竞争状况，包括产品销量情况、产品配送情况、用户评价情况、用户产品改进建议、网络广告宣传和浏览情况。管理者讨论当前面临的一系列问题，诸如系统显示产品在搜索引擎上的搜索量减少了；某个区域用户 O2O 方式购买产品量正在增加；最新款产品的网上用户评价度在降低；某个论坛上消费者反映的一起产品质量事故引起数万用户关注；某个新型网络渠道引流正在增长中等。管理者围绕用户评价统计数据进行重点讨论，并实时在线邀请数位产品用户进行在线联系互动，对用户的互动给予奖励，听取用户的意见和建议，并针对用户提出的意见和建议进行讨论。

写这段文字的时候，我在一家上市公司担任副总，分管的工作中包括企业 IT 信息化，一个月前我们公司刚刚与一家软件公司签订了金额几百万元的 ERP 项目合同。在推进项目中，我发现了一个问题，并把这个问题向软件公司人员提出，那就是所有 ERP 软件最大的缺陷是不对客户开放，将客户排除在系统之外，我们在系统中无法看到客户的一手信息，无法与客户直接交流，客户无法通过系统随时发表他们对某个项目或产品的意见，我们只能通过诸如组织客服电话访问的方式来输入自己的意见，而这种间接得到的意见可能因为客户被客服诱导得到的，或者因为企业内部某个层面报喜不报忧的意识而隐藏了许多有价值的客户信息，使得企业缺乏根据客户意见随时改进的渠道。我告诉他们，一个真正有价值的 ERP 系统应该是开放的系统，让客户能够随时发表意见，让企业的各个层面随时看到客户意见的系统。

互联网时代，没有到达用户的 IT 系统意味着是一个失败的系统，没有客户侧的信息输入，没有客户参与的系统是一个残缺的系统！构建具有学习智能的“最后一公里”，将是消灭传统 IT 系统作为“最后一公里”的出路所在。未来一个智慧的企业 IT 系统，将有更多的自我学习和摄入性学习的能力，比如系统能够根据流程运作情况，自我推荐更加优化的流程组织形式，同时能够对比外部竞争对手的状况。

当人工智能时代来临，“最后一公里”系统走向智能化，这是企业 IT 系统进化的必然。当客户访问企业网站，或者致电企业客服，或者向企业邮箱发送邮件，企业 IT 系统应当能够做出智能化的辨识和反馈，比如识别辨认这些访问者是来自何地，是否是有价值的客户，他们可能对何种产品感兴趣等。我们将看到智能化企业 IT 系统能够帮助企业自动搜集整理市场信息和客户，并且能够与客户实现智能化互动，乃至提供更多的智能决策能力。

8.3　企业能量网络映射

从某种角度来看，互联网是现实世界的一个映射“虚拟体”。政府、企业、机构、团体和个人都能在互联网系统上找到自身的映射体，当然这种映射可能并非一一映射，而是大多具有多重影像。对于政府机构或者企业来说，它们可能既有正能量的映射，也可能有灰暗“阴影”的映射。这些映射构成了虚拟网络世界中最重要的一部分，当然除此之外虚拟世界中还存在许多纯粹虚拟的东西。就像黑客世界中所展现的，我们正在面临一个现实映射与纯粹虚拟交织的虚拟世界，这种交织反过来对现实世界带来亦真亦幻的矛盾。

任何一个企业和团体在虚拟世界的地位，可能代表着它在未来世界的影响力。企业和团体都希望能够从虚拟世界的“虚拟体”获得足够的“能量”，这种能量能够使企业在虚拟世界中拥有市场地位和用户入口，显然互联网巨头已经成为这种能量“怪兽”，同时企业也希望“虚拟体”显现出最少“阴影”，这种阴影可能散布在虚拟世界的各个角落，但任何一点负能量都可能对企业产生重大影响。

我讲述一个买汽车的经历。我准备买一辆家庭用车，鉴于这辆车关系整个家庭安全，我希望这辆车的安全性能尽可能高。我在网上搜了很多信息，首先查了候选车型的碰撞测试成绩，但发现一些碰撞测试得分高的汽车被撞得惨不忍睹，比如日韩的汽车经常能在碰撞测试中得到高分，但网络上的图片显示，这些车在激烈的高速碰撞中底盘经常被撞击碎裂。我再去搜几个候选车型的碰撞车祸图，终于搜出经撞的两款车型，现场看了样车后我决定购买其中一款。然而很快我又在一个论坛上搜索到一个信息，发现用户反映这款车出现过自燃现象。我又继续搜索，搜索引擎中显示这款车存在更多的自燃现象，最后转而选择用户抱怨相对少的另一款车。买汽车的例子说明，用户的网上消费选择在一定程度上可能受到企业在网络上的映射影响，包括正能量和负能量的映射。

整个互联网对企业来说就是一个大的管理看板，这块看板的“阴影”隐藏在互联网的各个角落，对于关注互联网舆情的企业，以及研究舆情管理的机构来说，如何评估这些分布在互联网角落中的“阴影”对企业市场的影响，是一个值得研究的问题。在商业利益的驱动下，搜索引擎公司有时会对一些涉及企业的负面信息进行链接隔离，未来还可能让这种“后场交易”形式的商业潜规则走得更远，比如搜索分布在各个角落的企业负面信息，并且引导企业去消除它们，这显然有违信息客观的原则，也可能会引起部分用户的反感，但这种行为显然在互联网上找到不小的空间。

屏蔽网络负面信息可能会让企业管理者陷入另一个陷阱，那就是导致客户在网络上反馈信息失真，这也使得企业的互联网“管理看板”失去客观性。很多企业管理者忽视的一个事实是，企业宣传形象和网络舆情往往出现脱节，同样的现象也发生在行政管理领域。许多企业宣传部门向管理者呈现的都是正面报道，管理者看不到现实，网络上呈现的却是诸多的用户抱怨。迷途的管理者往往因为沉浸在歌功颂德中而迎来危机，而务实的管理者却因为倾听用户的意见而崛起，这在企业管理中经常见到。企业管理者需要认识一个重要事实，在互联网时代，企业管理者能够与用户互动的机会和随时掌握用户意见比以往更加容易，企业管理者需要充分利用这一点，与其沉醉于企业宣传部门能左右的媒体对企业的千般赞美，不如随时准备好倾听一个消费客户的意见。

如何把握企业在网络上的映射能量，将成为一种艺术技巧。

一方面，企业要让用户找到空间自由地表达意见，帮助企业改进产品和服务。大多数情况下，企业与网络用户的互动对其他用户是透明的，用户的评价往往能够被其他用户看到并影响其他用户的选择，然而这种评价机制本身存在一定缺陷。作为一个购买者，平常给出的评价也并非一定客观，可能带着情绪，好的产品被负面评价，而普通的产品获得高分评价，这样的情况并不少见。电商需要设计更为科学和合理的用户评价机制，包括鼓励、引导用户对企业的产品和服务认真提出各种改进意见，尤其是专业性的意见，而非简单给予好评或者满意评价。

另一方面，有效控制网络上关于企业的负能量映射，不至于对企业的整体销售带来重大影响，包括企业需要建立有效的机制去掌握互联网中涉及每一个用户对企业产品、服务的评价。在此方面，有的企业动员员工形成一种自发的网络正能量机制，让员工为企业在互联网中的每一个角落增加正能量，包括使用各种工具在网络上传播有关企业品牌、产品、社区、论坛、问答等正能量。

在网络空间中，企业像一个虚无的存在，然而如何让这种虚无在管理中变成“实地”，如何管理企业的虚拟映射体，这是企业未来在面向互联网管理面临的挑战。在网络空间，企业虚拟映射体具有复杂的形态，甚至可能处于一种混沌状态。这种混沌状态导致用户对许多企业虚拟映射体产生一种模糊难辨的状态，而许多企业对自身在网络空间映射管理也呈现出一种模糊的状态。

如何营造企业的网络映射正能量，当企业建立虚拟世界映射时，它面临的一个关键问题是网络能量不足。很多企业卖了不少产品，但用户却没有交互，有的企业有很大的生态圈和很多员工，但没有利用生态圈和员工形成网络能量圈。从当前世界看，没有强大的企业，虚拟世界就不会有强大能量；从未来世界看，没有虚拟世界的强大能量，企业将在现实世界中是脆弱的。企业要打造强大的虚拟生态能量圈，需要用户在网络上跟随企业的脚步互动，需要产业伙伴和员工在网络上跟随企业的脚步铸造能量圈，为此企业需要引导自己的产业合作伙伴和用户身处自己的虚拟能量圈中，将一部分产品服务迁移到网络上，有意识地引导用户、产业合作伙伴，告诉它们在网络上可以得到更好的服务。

网络渠道体系建设成为互联网时代所有企业都在竞相投入打造的对象，而互联网巨头和门户网站显然让自身成为这些渠道体系的最上层的“统治者”，这意味着需向互联网巨头和门户网站支付价格不菲的用户引流费。是否有强健的网络渠道，而且这种渠道能在多高的层面具有独立性，成为衡量一个企业在互联网时代转型是否成功的关键指标之一。尤其对一个知名企业而言，能在多大程度上独立于 BAT 的引流，是检验其网络渠道的强健性所在。

一个令人头疼的问题是，很多传统企业面临着网络渠道与现实渠道间的冲突问题。网络渠道具有低成本、高交互性的优势，但多数传统企业在发展中建立了对传统渠道的依赖性、传统渠道既有运作成熟、贴近用户的优势，也有高成本、多环节、慢交互的弱点，当产品通过现实渠道和传统渠道分别销售时，其销售特点和成本结构都会有所不同，网络渠道往往会很快冲击业已形成的传统渠道，并对线下产品的价格产生冲击，由此产生的渠道冲突问题困扰着很多企业。

让每一件线下商品和服务线找到合适的线上的映射点！

在 O2O 兴起的时代，许多传统线下商店开始了线上虚拟化的进程，比如实体店设立淘宝店、天猫店、微信店，通过各种社交工具引流，借助搜索引擎广告，在类似赶集网、58 同城之类的本地信息中做广告等。线下商业经营者的这些举措，在帮助线下实体店建立线上的映射位置，使得线下商业在线上的虚拟映射成为一种潮流。当然尽管有很多种线上渠道，要想这种虚拟映射的线上引流能够真正引来线下客流，不至于淹没在线上浩瀚的信息海洋，这一问题成为 O2O 商务面临的挑战之一。

经历过线下门店向线上映射的潮流，传统线下商业者在 O2O 中的下一步战略将会是什么？我想也许线下经营者会尽可能考虑为每一件商品找到合适的线上映射点，也就是说，让线下每一件商品进行线上映射可能是一个新的潮流。当然，这是个费时费力的事，尤其对于拥有大量商品的商业经营者来说，但无论对于一些实体商业经营者，还是对于 IT 技术开发者来说，这是一个值得努力的方向。当一个实体商业经营者推广一种新的商品时，他可能需要将这种产品信息尽可能地通过电商、社交工具、搜索引擎、生活信息网站、短消息等渠道推广，优秀的 IT 技术集成者可以帮助实体商业经营者方便地实现目标。

如果不赋予线上服务能力，单纯的线下商业服务本质上具有高度的域性，尤其对于类似餐饮、娱乐这样的服务更是如此，因此对于线下经营者来说，线上映射显然带有浓厚的基于地理位置的特征。对于线上商业平台经营者来说，提供更精准的基于位置服务的商业搜索，将会成为线下实体经营者走向线上虚拟化的潮流。一些服务于餐饮和旅馆的线上平台或者搜索引擎在这方面已经走在前面，你可以使用它们精准搜索附近的餐饮、旅店以及它们的服务价格。在赶集、58 同城这样致力于提供本地化生活服务信息搜索的平台上，提供更精准的位置服务成为一个方向。

提供更加精准的基于地理位置的商品搜索信息，让消费者搜索到一公里或者五公里之内所需要商品的精准位置、价格、销量和服务评价等信息，让尽量多的线下商品映射到线上，将是各种线上平台、引擎、商城等的竞争方向，也将是本地化 O2O 的竞争力所在。当你需要购买一种商品，你不再仅仅考虑淘宝购物这样费时冗长的方式，而更多转用一种更快捷的购买方式，使用本地化的搜索引擎工具搜索你所居住的社区周围所有这种商品的卖家信息。线下商品的线上映射，为新兴的搜索引擎工具提供崛起的机会，当然类似百度、阿里巴巴一样的巨头同样不会放过任何可能的机遇。

8.4　企业资源“软化”

“互联网 +”是近些年兴起的一个有趣名词，它蕴含的生态系统涵义远远超过互联网和物联网，也许有一天我们会发现，我们自己的某个器官（比如头脑）也会成为这个“互联网 +”系统的一部分。每个人作为“互联网 +”生态系统中的一部分，其在这个系统中拥有能够与之联网的资源能力，并在多大程度上能够影响联网资源系统，也许将是展现其新财富能力的重要指标之一。也许我们很快就可以看到一种类似福布斯富豪排行榜的新型“财富榜”出现，这种“财富榜”不是根据金钱来排名，而是根据一个人在互联网中的影响力和拥有的资源来判定它的“财富”排行，这也意味着对很多人而言，“互联网 +”系统未来将变成一个具有可变现性的“财富金库”。

亚马逊把电子阅读设备与在线阅读服务结合起来，在互联网领域开创了“硬件 + 软件”服务的成功典范；苹果公司“iPod+ 音乐下载服务”和“iPhone+App”应用商店的服务模式更是进一步地把“硬件 + 软件”的服务运营模式提升到了新的高度，以至于令软件巨头的微软公司也羡慕不已。尽管微软公司的战略并未成功，但显示了“硬件 + 软件”的服务模式在互联网环境下具有不可估量的创新空间。

这种基于互联网背景下“硬件 + 软件”的服务模式到底有何种重要的商业意义？关键在于它把制造业和服务运营业通过互联网沟通融合起来，使传统制造领域正在发生一场新的变革。比如，家电巨头海尔正在推动将一切产品联网，按照这种战略，所有的家电产品将变成联网终端。我们即将迎来这样一个时代的来临，生活中许多常见的产品都将成为联网的一个终端，不仅包括汽车、洗衣机、电视、冰箱等，还包括门、牙刷、杯子、筷子、椅子等。也许有一天我们将迎来这样一种“互联网 +”的生活场景，当你早上使用牙刷时，智能牙刷会把你的口腔数据传送到网络，然后提醒你应该用何种牙膏，或者应该何时去看牙医；当你就餐时，智能筷子将会提醒你食物的品质状况、温度以及卡路里等数据；对于变质的食物，它会发出警告信息；如果你需要，它可能还会读取你的病历资料和现在的健康数据，根据你的血压、血脂或者健康医生为你制订节食计划，告诉你现在的食物禁忌。

你将可能对这样一把智能椅子感兴趣，这把椅子能够根据你的身体参数将倾角调整到最佳的位置，如果你坐的太久，椅子会提醒你该站起来活动活动；这把椅子也会检测你的颈椎和脊椎状况，必要时帮助你按摩，甚至警告你应该去医院看医生。当女生清晨起来梳妆照镜子时，智能镜子也许像一面会说话的魔镜，它会告诉你当天的皮肤状况并给出保养和化妆建议，也许这面镜子会顺便给你提供几种化妆品参考，如果你愿意，点击一下很快有人送到，这面镜子也许还会联网读取你今天的日程安排数据，给出几个符合场景的推荐衣服款式和发型款式。

总之，许许多多的制造产品将面临“软硬分离”的革命化趋势，硬件产品将带有智能化联网功能，更多的软件功能被置于互联网的云端，云端的数据将面向用户形成个性化的大数据；而对于企业来说，云端将存储宝贵的需求数据。许多制造产品成为物联网终端，嵌入软件智能，并通过联网汇集产品销售、使用等各种信息，我们的生活将充满智能物品，家里的桌子、椅子、镜子、冰箱、洗衣机可能都会与你联网对话，它们将随时告诉我们想知道的知识和我们感官无法感知的信息，提供给我们更好的服务。

如果你是一个对安全敏感的人，未来你也许可以定制一套安全模式的互联网生活服务。你的智能眼镜，或者是智能手表、智能帽子等，也许将成为你的安全警卫，它将监控你工作和生活环境中的每一个安全信息，及时向你发出告警信息，甚至帮助你联网发出帮助信息。当你走在街道上，智能眼镜会监控周围可能对你造成伤害的汽车，预警可能发生的危险；甚至提醒可能对你造成伤害、对你怀有敌意的人在靠近你；当你受到伤害，它会迅速发出报警求救信息。也许我们最期待的梦幻模式是借助集成软硬件智能的“互联网 +”产品，让我们能够启动财富成功者的生活模式，时刻提醒你的财富机遇在哪里。

8.5 企业 O2O 之道

目前，线上到线下（O2O，Online To Offline）概念使用比较广泛，凡是涉及线上线下的商业或行动结合，通称为 O2O，在这一宽泛概念下，几乎所有的互联网电子商务都在其中。O2O 被提起之初是在国内团购网站兴起时，伴随着基于移动端设备的互联网商务兴起，各种 O2O 商业模式步入快速发展轨道。

线上市场的崛起，给线下销售渠道带来巨大冲击，这给很多企业带来深刻影响，也包括万达这样的商业地产巨头。电商的兴起分流了其商业中心的人流，也降低了商业中心的销售额，从而影响其商业地产价值的提升，甚至导致商业地产价值的贬值。这对万达和其他商业地产巨头一直是个挑战，作为最大的线下商城物业巨头，在全国拥有一百多座万达广场商业中心，每年超过 15 亿人次的客流量，虽然万达决定自己做电商，曾受到业界关注，但其电商一直未见起色，如何让线下优势延伸到线上，不仅对万达，对许多传统商业巨头都是一个巨大的挑战。

万达进军电商的案例，显然是线下商业正面临线上商业崛起带来挑战的残酷事实。我们可以比较线上和线下商店两者间的竞争，线上的成本优势几乎是不可替代的，因为线上无须商场租金。另一方面，线下的体验优势几乎是无可替代的，尽管物流的速度越来越快，但越来越多的消费者从线上购物发现，从线上购买的物品实际上与网站上展示的在线商品存在显著差异，或者这种产品没有符合自己的个性需求。

在线上与线下竞争中，显然线下商业面临更大的竞争压力，线下成本压力更大。为了与线上商业竞争，线下商城需要提供更多线上无法提供的附加服务，比如优质低价的餐饮、娱乐、健康服务，购物送免费甚至低价的电影、饮料等。在这一竞争中，线下商城也需要更多地改变经营模式，以此与线上商店竞争客户流，包括采取更加统筹化的资源经营模式，比如线下影院服务与百货服务原来是分离的，在未来与线上渠道竞争中，可能需要考虑结合起来，彼此服务。

对于线上商家与线下商家之间的竞争，显然有几种最基本的竞争策略，一种策略是扬己之长，强化自身的优势，比如线下商城强化自身体验优势，以及提供线上不可取代服务业态的优势。前面所提到的万达进军电商的案例中，万达似乎也把利用线上技术提升线下的体验放在了 O2O 模式的首要位置。与之类似，线上商家为了扬己之长，则需要发挥自身价格优势，以及在会员经营、用户评价互动等方面的显著优势。

线上与线下竞争的另一种策略是补己之短，设法弥补自身的弱势。对于竞争压力更大的线下商家来说，显然很难能够在成本上弥补与线上商家的差距，但在会员经营、服务评价上仍然有向线上比肩的提升空间。相比线上的会员服务，线下的会员经营往往要弱不少，比如在交叉销售和向上销售方面，线上经营无论在技巧上还是服务支撑上都要丰富得多，当然这也依赖于大数据技术在线上越来越广泛的应用，使得商家可以更多发掘用户的偏好，让营销变得更有针对性。SoLoMo 模式，即“社交 + 本地化 + 移动”，常被人们提起并认为是探索线上线下一体化的方向，然而如果打通虚拟世界与现实世界，将两个市场形成连接、互补，对业界仍是一个需要不断探索的课题。

在 O2O 中，无论是 C2C、B2C 还是 B2B，许多企业两头都面临大难题。比如我有一个好朋友曾经自己组建了一个创业团队，做出一种看上去比较炫的产品，这种产品是把数字信息嵌入在电视或者电影中，比如嵌入影片图像或者声音信息，当观众对某一幕中女主角的衣服款式感兴趣，可以使用他们开发的专用 App 对准荧幕或者电视拍照，手机便可以跳到某个购物网站或者淘宝店，让用户在线购买这件衣服。当朋友当场演示这款产品时，包括我在内，在场的人都不由叫好。不过我对朋友提了一点意见，尽管产品很炫，但这种产品要构筑好的商业模式并不容易，因为你的产品做的主要是 B2C 的模式，但问题是 B 端太复杂，需要找电视台一家一家谈，会费时费力，而且谈下来后，要让 C 端用户下载 App 并购买也并非易事。我劝朋友，无论如何不要让 B2C 的两头都变得太复杂，最好让一头变得相当容易。

淘宝在成功初期，为了吸引卖家入驻网站，不像其他电子商务网站对卖家收取费用，而是采用免费入驻模式，这使得淘宝的商务模式中两头都变得很容易，也有的做 B2C 的企业，为了获得 C 端用户群，往往会选择与 B 端企业采取一种利益交换的方式，即以对 B 端企业提供优惠来换取 C 端注册用户群，做手机浏览器的企业为了引流，往往对所导航企业采取这种利益交换的方式。

在 O2O 模式的兴起中，移动二维码成为重要的推广技术手段。二维码相当程度上解决了购买者在使用移动终端时输入步骤烦琐的困扰，从而给 O2O 乃至移动商务带来新的革命，二维码也因此成为推动移动互联网发展的一种重要的信息入口工具。然而，面对看似无意义甚至显得有些丑陋的二维码，是否有界面更友好、更漂亮的类似的信息入口工具代替二维码？像上面我的朋友做的产品，实际上也是二维码的一种变相替代产品。未来一定会有人将科技与美学结合，设计出更艺术而且类似二维码用途的工具，这种工具可能不仅能看到这种产品的直观信息，就像一个精心设计的产品 Logo，而且当用户扫描时也不仅仅是看到扭扭曲曲的迷宫图，而是展现出更丰富、更富有活力的产品信息，也许我们可以把它称之为“X”码。

二维码还存在一个突出的问题，那就是信息安全问题，我们来看下面一个例子：阿袁在宣城开了一家家具店，同时在淘宝网上开了一家网店。2013 年 11 月 9 日，一位客户通过淘宝旺旺联系他，要订制家具。交谈中，客户说要买不少家具，于是阿袁让客户将家具尺寸告诉他。客户立即表示，因为数字太多，他制作了一个二维码，阿袁扫一下就知道了。得知有大单子，阿袁很高兴，收到了客户发来的二维码之后，赶紧拿手机扫了扫，奇怪的是，扫了二维码之后，并没有什么反应。阿袁准备再问问客户，却发现对方已经下线了。没过多久，阿袁发现支付宝账户中的几万元不见了。在二维码大行其道为 O2O 发展发挥巨大作用的同时，它却有一根系着魔鬼的尾巴，不时引诱人掉入陷阱。随意滥发的二维码面临的信息安全问题让人防不胜防，显然这一问题将在相当时期内存在，能否开发经过认证，或者经标识某种风险等级的二维码或者 X 码，将是互联网技术开发者面临一个商机。在建立新的安全可行机制下，用户一旦发现存在陷阱，可以向其他用户及时警示这种二维码或 X 码存在的风险，也可以向网络管理或者监管机构举报，使用户避免掉入陷阱。

业界确实也在探索类似二维码的信息入口工具。随着云计算的兴起，图片识别技术也变得更加容易了。2012 年，一家瑞士苏黎世的公司 Kooaba

就开始致力于开发一种图片识别 Shortcut 应用识别技术，并随后推出一款应用，希望能够代替二维码，使二维码退出历史舞台。这款 Shortcut 的应用，允许用户对报纸、杂志、广告和广告牌进行拍照，然后直接在手机上获得数字版内容。其公司创始人 Herbert Bay 表示，“对于报纸等出版商来说，我们能让它们进行交互，而且不需要二维码技术。此外，它们还能基于交互出售广告，这样就不需要二维码了。”Kooaba 把这种技术应用到多种媒介上，比如 DVD 外壳、书籍、电影海报和 CD 上。公司创始人 Bay 认为，Shortcut 还有一个亮点是其内在系统，允许出版商在内容中加入交互元素。那么未来会有更多类似的变革发生吗?

当看到外界事物时，我们的眼睛里只有这种物体的生物感知影像，并且隐藏在感知影像的数字信息是我们更关注的。比如一个男士看到一位非常漂亮的美女，他在对美女外形感兴趣的同时，可能更想知道这位美女的各种数字信息，比如姓名、爱好、年龄、婚恋、职业、住址等，但我们的眼睛并不能为我们提供这些，而网络可能为我们提供这类的数字信息。比如在公交车看到一个美女，有的青少年会马上打开微信、陌陌搜寻美女的数字信息。谷歌眼镜给我们的数字视线带来一种新的概念革命，尽管谷歌并没有把太多的数字信息与眼前的景物结合起来。

现在越来越多的研究者正在有意无意地做一件事情，那就是赋予眼睛看到景物数字信息，甚至让景物具有互动能力。你可以看到，现在已经有开发者在一些特制的杂志图像中植入数字信息。你只要使用工具扫描拍照，就可能看到这些图像后的数字信息，比如图片上模特衣服后的线上商店、促销价格，有的开发者开始在电影、电视的图像、声音中植入数字信息，使用专用工具拍照后，可以看到链接图像、声音后的商业数字信息。

未来我们的眼睛所看到的景物将越来越具有数字信息化，而且有可能通过某种或者某些方式进行数字互动，我想把这种变化称作“数字视线革命”。可以想象这样一种数字视线革命的场景，我们未来将会像机器人一样，用随身佩戴的数字“眼睛”，扫描出眼前各种物像的数字信息，甚至能够与这些物像进行数字信息互动。这种数字“眼睛”甚至能够警告我们眼前的景物可能存在的潜在危险，比如过马路时可能撞到汽车，或者有个对你有敌意的人在身边，或者是在遇到危险的时候及时对外发出告警信息。

视线数字交互将为这个世界带来更多商机，比如当我们看到一位美女，我们的数字“眼睛”将会帮助我们竭力搜寻这位美女一切可能的数字信息，包括她的香水、口红品牌，而这位美女可能让随身携带的数字信息交互装置告诉你这些信息，这里面也许蕴藏着巨大的广告商机，让许许多多的人都成为数字广告载体。有一天你可能不再对下面的场景感到奇怪，一个人在步行街上尽情表演吸引观众，一个漂亮的女孩在商场不停地对人微笑，他们看似不向任何人推销东西，但他们却在做一种商业促销活动，就是他们身上蕴藏的数字广告信息。

数字声波也在成为 O2O 的入口。除了寻求数字视线图景进行 O2O 互动外，也有人探索利用声波技术进行 O2O 互动，出现了被称作声波室内定位技术，国外有人称之为 Sound LBS(SLBS)。研究人员将声波技术与移动互联网、移动智能通信终端融合，创新发展成为一种来店促进 O2O 平台模式，具有代表性的平台互联网创业企业 Spotlight 的 Smapo 平台和日本移动电信运营商 NTT Docomo 的 Shoplat 平台、阿里支付宝的声波支付方案，还有苹果公司也有类似的声波应用 iBeacon 技术。比如阿里支付宝，包括在售卖机面板处标识声波支付区域并打孔；在打孔处内部安装接收声波的话筒，并进行系统升级；用户打开支付宝钱包，使用当面支付功能进行支付；支付宝钱包和售卖机语音同步提示支付结果。对于日益衰落的广播电台业来说，多年前广播电视的兴起让其影响力和市场价值已今非昔比，互联网的兴起让其更进一步掉入深渊，如何利用声波交互引流用户也可能成为拯救广播电台行业的一种探索。

第九章
互联网与新秩序变革

互联网不仅对经济和企业带来巨大的变革，也对政治、法律、文化等领域的秩序建构带来全新的变革，这种变革更加贴近人类生活，对人类思想影响也更加深远。互联网是一只“无形之手”，也是一只“有形之手”，在社会、政治、法律、文化等各个方面悄然而又突然地改变世界，人类被网络空前地解放，又日益被网络束缚。网络就像一面镜子，照亮了人类心灵底层的方方面面，每一个政府、每一个群体、每一个人，都在被网络改变，也都在向网络传递着自身的思想与理想，这些思想和理想在不断推动着社会秩序发生悄无声息而又今非昔比的变革。

9.1 互联网：第二只有形之手

20世纪中期，凯恩斯新古典经济学理论的创立和实施曾经开辟了一个新的时代，尽管受到不少质疑和诟病，政府的“有形之手”在社会经济领域的作用仍然被认为是必不可少的而且影响巨大。随着互联网成为新经济的代名词，互联网不仅仅作为一种新经济业态显现“魔力”，也作为一种经济社会管理工具与模式显现巨大影响，尤其在公共政策领域扮演着一种新的关键角色，成为一种重要的制度因素，推动经济社会深度变革。互联网对政府施加“有形之手”究竟产生何种影响，这是所有经济学家和公共政策专家值得思考的一项课题。

时至今日，经济学家对互联网在经济学中发挥作用的认识大都只是作为一种技术因素。新制度经济学从网络效应上讨论了互联网因素对产业、企业以及市场竞争的影响，然而也只是互联网对经济影响的一个侧面，远远不能解析互联网在社会经济制度层面扮演的角色作用，而互联网已经演变成一种生产力和制度因素，成为集成公共化与自治化的“第二只有形之手”，对经济制度产生深层的影响。

从21世纪初以来互联网快速发展的历程来看，互联网至少在两个方面对政府“有形之手”的管理产生了巨大作用。一方面，互联网推动社会与经济行为数字化与公开化。随着互联网渗透各个领域，互联网经济逐渐统治经济领域，绝大多数经济活动与社会行为变得更加透明并刻上互联网数字化的烙印，这为经济社会的调控管理提供了一面天然的数字之镜，也为实施更加精准化的公共政策提供了便利。经济与社会活动的显性数字化也为我们在相应领域进行数字化建模与研究提供了帮助，帮助我们更深入地研究经济社会领域的复杂因果关系和变量传导关系，推动政策效应的显性化。

从另一方面来看，互联网在政府推进公共政策中的降噪作用也在日益显现。政府施加“有形之手”面临的最大问题是施政信息反馈链条冗长，从决策、施政到施政信息的反馈调整过程管控复杂，过度的政治化、官僚化往往导致公共政策实施过程中的信息反馈噪声化，而互联网的出现有利于政府建立更加快速响应的施政反馈链条，建立直达底层民众的政策宣贯与民意反馈通道，从而更好地消除政策实施中的“噪声”。

在公共政策推行中，底层民众的声音往往在一些官僚化的体系中难以迅速得到反馈，甚至是被掩盖，由此很容易导致一些好的政策得不到推行。以中国历史上著名的王安石变法来看，其中影响最大的改革政策之一是“青苗法”。以王安石为代表的官员推出这项经济政策的初衷是帮助赈济贫民并抑制高利贷，然而在政策推行中很多地方变成了政府强行放高利贷盘剥农民。中国历史上的“王莽新政”实际也包含诸多利民改革，但在推行中却变成灾难性的社会危机。显然，在封建时代决策施政的信息反馈调控机制面临低效率、官僚化的挑战远远大于今天，这使得底层的政策执行很容易变形走样。

我们看到一个新的公共政策互联网化时代的来临，互联网在深刻地影响着社会管理，在信息的海洋中，人们的思想比封闭的时代要丰富得多，这对于一些保守的政治家或政治研究者来说，意味着一种难以驾驭的可怕，可能危及社会政治的稳定。如何对待互联网上的信息管理，已经成为许多政治人物面临的一个挑战。英明的政治家更应该意识到，互联网会给政府和政治带来许多新的契机，包括在推动政府扁平化管理上，及政策执行落实上和加强与民众互动等方面。

互联网为底层民众与政府沟通提供了一个渠道，并能够成为一个由高层到底层民众的管理通道，让中间的管理阶层变得更加透明，使政治领导人和政府最高层能够直接与最底层的民众进行最大范围程度的互动，这是互联网能够发挥稳定社会秩序的关键。通过互联网渠道，将政府资金管理与分配变得更加透明化，让中央政府对基层拨付的任何一笔资金，在互联网上能够跟踪和反馈，能够让资金使用状况和反馈意见更加透明化。

社会管理的互联网化，意味着我们要让互联网告诉每一个民众，政府下拨的每一笔资金，最终落到了哪里；让互联网告诉每一个民众，尽管所有的分配方式不可能满足所有人，但我们的政府却在分配信息透明上尽力做到完美，相信这将是未来互联网对政治和政府管理提出的变革要求。在许多社会管理难题中，政府可以借鉴“互联网思维”和互联网手段。如果我们建立独立的互联网平台，公布每个事件的上访者详尽诉求和政府的解决方案，在平台上建立人民仲裁机制和上访仲裁群众库，从志愿参与的群众中随机抽选人员作为事件第三方仲裁员，对上访事件进行客观评裁。如果群众评测支持上访者，将推动政府解决内部利益纠葛矛盾。如果群众评测否决上访者诉求，政府则可以采取强有力的法律手段。这种让人民管理人民的互联网众筹管理行政模式，将大大减少上访纠纷和各种质疑。

互联网对政府管理信息的透明提出了新的要求，这不应当仅仅被看作一种令人担心的挑战，更应该是一种提升和改良政府管理的机遇。没有应有的透明，就会有阴暗和对阴暗的质疑，就会有不信任和对不信任的抗争。在互联网时代，利用互联网减少政治和政府管理的“信息阴影”，将可以减少权力寻租和腐败，也将会有效降低信息“噪声”，提升民众的信任感。睿智的政治家不会为互联网照亮的“丑陋”“阴暗”而羞愧，而会因互联网带来的进步而喜悦。

作为一种技术要素，互联网也许在改善社会政治方面可以发挥比一般人想象不到的驱动作用，这种驱动作用也将会变成一种市场机会和经济驱动力，基于互联网的“电子政府”建设将成为一种划时代的变革。现在电子政务已经成为政府机关的一种“时髦”管理技术手段，利用电子政务进行“无纸化”办公，提高政府办公效率，已经成为政府管理的潮流。然而，行政机构管理人员似乎仍然远远没有认识到互联网在改善社会政治管理方面所具有的潜力，以及所具有的前所未有的创新价值。最为关键的一点是，对互联网的理解和运用将直接反映一个政府致力建设透明、公正的行政管理体系的决心，也将反映一个政府的行政能力水平。

对于大众来说，政治权力“互联网化”意味着“阳光化”，事实上在对互联网的运用上，政府机构应当首先向一些积极拥抱互联网的跨国大企业学习，这些大企业利用互联网提高管理和决策透明度，包括对人员选拔、项目管理、财务决策等。未来政府机构应当更多建立“电子政府”，比照一些企业设立CTO，设立专门的、能够担负责任的、高层级的电子政务官，将政府的行政管理程序“互联网化”。互联网是个天然公开信息的地方，这样互联网上的公众能够监督权力的运作。

从顶层设计上看，加强对互联网在社会政治管理方面的创新变革作用，让这种创新变革服务于社会可持续发展和稳定，是政府和社会当前面临的重大课题，也是互联网业界所面临的重大挑战。可以想象，在成熟运用互联网的国家行政管理模式中，当中央政府能够与大众共同看到这样一个场景，即中央的财政资金是如何通过各种渠道分配到基层哪些具体项目，让社会的哪些民众受惠，同时让老百姓能够从互联网上享受一定的自治权利，比如社区自我管理、社会争论自我协调等，这将有利于听取老百姓呼声，也有助于减少社会动荡的发生概率。这些对政府其实并非是挑战，也可能是一种创新社会管理的机遇。

互联网赋予了社会一种新型民众自治管理工具，这意味着互联网不仅是一个监督权力的平台，更是一个民众参与社会管理的平台，互联网化自治将成为这个时代社会管理的一种趋势。如果政府能够对互联网运作加以有效引导，并且愿意给民众让渡一部分的众筹自治管理权力，让行政权力运作更多转型成为一个互联网化的透明平台，这将会对稳定社会秩序带来更多正面的作用，也将减少政治危机和社会震荡。如果采取捂盖子、堵漏子的方式，互联网则很可能对社会秩序意味着洪水猛兽。

非噪化的信息流动性将对社会政治的稳定至关重要，如同互联网带来的商业化用户服务革命一样，所有的政府应当意识到，互联网也将掀起一场社会行政管理的革命，政府需要通过互联网向民众交付公共服务产品，并且在第一时间看到民众对这种公共服务产品的所有评价，同时不断调整。政府无须过分担心部分用户负面评价产生的冲击和影响，就像互联网上没有一件完美的商业产品，也没有让所有用户满意的完美评价，最重要的是根据用户评价不断改进公共服务产品，使之最大限度地满足公众需求。尽可能地通过互联网提供竞争性的公众服务产品将是互联网对行政管理带来的又一次变革，打破行政资源的区域垄断性、部门垄断性，让公众可能有更多的竞争性公众服务产品选择，将是政府走向互联网化社会管理的一个变革新趋势。

类似图像识别与安防监控的网络化、智能化等互联网相关技术化手段的实施也将给社会管理带来深刻影响。曾经看到有篇文章描写中国相比欧美近些年公共安全暴力事件为何相对要少，社会安全感更强，文章作者认为中国人温和中庸的性格是关键。这类文章或许只是个别痴迷文化研究人一厢情愿的看法，实际是中国的社会安全与安防监控系统的大规模网络化布防是关键。在我所接触过的一个实际案例中，一个曾经暴力事件频发的城市，该市公安机构在大规模布放网络监控系统后，很快暴力事件和刑事案件急剧下降，一年时间降低了 80%，显然技术成为提升社会安全的关键，而随着人脸识别、体态识别等人工智能技术的快速发展，安防系统在保障社会安全方面将发挥更大作用。

9.2 互联网：最后的仲裁者

互联网已经成为民意代表的关键力量，从近些年擅长互联网宣传的国外政治人物纷纷获得选举优势可以看出，互联网在政治中扮演的角色举足轻重，同样的在司法领域互联网显现出前所未有的影响。近些年，司法领域的许多案件成为互联网热点，全世界也时常出现司法案件被互联网广泛传播并引起热议，一些法律案件错判结果显然因为互联网舆情力量而被改变和纠正，甚至出现原有的法律程序因为互联网舆情被打破的现象，显示了互联网在推动司法的公开透明扮演着一个关键角色。由此我们可以看到，互联网正在隐隐成为一种审判力量和制约力量，并深刻地推动着司法变革。

无论是中国法系还是英美法系国家，并没有在法律层面给予互联网所代表的民众舆论力量以影响司法判决的角色和地位，然而这并不影响互联网舆情力量在立法和司法中成为越来越活跃和关键的角色，尽管在互联网上类似的讨论可能充满争议。我曾经看到一些视频，有国外的法官将审判许多案件的过程用录像公布在互联网上，使得审判过程更加公开透明和人性化，这种审判过程吸引了许多人关注，这种视频让互联网在推动国际司法交流上也扮演着重要角色。

需要认识到，我们已经处在一个与过去不同的法律时代，过去在没有互联网的时代，无论立法与司法过程，我们都很难像互联网时代一样能够在短时期内了解到如此多的民意信息，而对于通过互联网参与立法司法并推动法律体系变革，民众越来越充满浓厚兴趣。未来我们将可能迎来一个新的法律时代，除非在需要保密的极端情况下，否则我们将看到每个法庭上都会有一个“互联网审判席位”，而闭门审判将成为过去，互联网将可能成为法律的最后审判者，尽管法律界专家人士可能对此提出不少异议，包括诸如民意不能取代司法判决，互联网舆情可能造成不必要的干扰，道德审判不能代替司法审判，司法成本过高等理由。当然，我们也需要尽力避免法庭沦为互联网过激舆情的宣泄场所。

从维护法律的根基和基本正义看，尽管互联网可能不被一些法官或律师欢迎，但互联网实际上在帮助我们降低司法成本上扮演着不可或缺的角色。我们已经看到，越来越多的法律热点案件因为被互联网关注而公共化，而各个法律当事人都争相希望借助互联网影响舆情并进一步影响正常的法律裁决，甚至出现所谓的“网络雇佣军”来制造网络干扰信息。尽管可能面临诸多问题，然而和许多人的观点一样，我仍然认为现有的法律体系中并未给予互联网一个应有的法律位置。就像尽管有网络“噪声”的存在，但网络公开化的讨论仍然有助于推动许多法律案件的透明化，这对于防止司法腐败和不公正至关重要，也是互联网时代维护司法正义的一种必需品。试想一下，如果除非保密案件外的所有司法案件都能够经得起“互联网公开化审判”，我们将无疑迎来一个更加充满法律正义的新时代。

9.3　虚拟时代的数字化契约

支付宝的兴起解决了“先付款还是先发货”的契约难题，这成为淘宝和支付宝成功的关键因素之一，而随着互联网渗透经济社会的每个角落，互联网契约精神成为网络时代秩序建构的一个关键问题。作为现代经济学派之一的契约经济学家认为，企业是一系列经济契约的联结点，新兴的市民阶级以契约为纽带的商品生产和商品交换代表了新的社会秩序。

英国史学家梅因认为，“所有社会的进步运动，是一个从身份到契约的运动。”随着互联网渗透每一个人的工作和生活，人从原来仅仅作为一个上网浏览者的身份，到通过互联网成为作为各种网络经济活动交易者、网络社会参与者、网络信息传导者、网络应用消费者等，在网络领域面临各种契约。与现实社会所不同的是，网络契约是数字化的，同时具有现实和虚拟两面性。在可预见的未来，虚拟人与实体人的身份契约统一性将面临难题，并可能在某个范围内产生灾难性的背离矛盾。如何在实虚契约转换中保障统一性，是一个互联网时代中每个人面临的挑战。

数字化契约时代，人们将更多地使用虚拟化契约，虚拟化契约是一种实体契约的网络映射，但在不正常的情况下，虚拟契约将可能成为一匹脱离实体契约的“野马”。当我们面临货币虚拟化、信用虚拟化、经济虚拟化、社会虚拟化、政治虚拟化等诸多虚拟化趋势时，我们也将同时面临个人契约的虚拟化。诸如人脸识别、指纹识别、虹膜识别、脉搏识别等技术应用，都意图建立实体契约与虚拟契约的统一性，但这并不能从根本上解决未来可能出现的背离矛盾，尤其在可能出现思维复制甚至出现克隆人的极端情况下。

区块链技术的兴起，代表着网络契约形成一种自治化、群体化机制的趋势，这种技术采取加录时间标签、防止个体信息篡改的方式，使得人们建立的信用契约有了更多的相互影响和约束机制，并通过这种相互约束机制确保形成契约的一致性，然而区块链技术也并非完美，并不能防止可能输入错误或者伪造的信息。我们将需要发展新的技术，来确保形成更稳固、透明的网络契约模式。区块链在金融信用中的应用越来越普遍，比如未来在民意调查、政治选举、经济统计、社会调查、犯罪记录等方面也将会有越来越多的应用，并成为一种在政治、经济、社会等层面构筑信用与真实的基础工具。

从网络契约与商业化的关系来看，每一种成功而又可持续的网络商业模式，都应当朝着改进网络社会契约精神的方向发展，比如阿里巴巴、亚马逊的电商模式，Google、百度的搜索引擎，都在某种程度上使用户与互联网运营者建立起更加可靠的契约，从而更容易达成更优化的契约交易。当然，这种契约交易也仍然不够尽善尽美，经常存在不少信息“噪声”干扰性因素。在契约的数字化进程中，类似 Google、亚马逊、BAT 为首的互联网巨头在提供给人们契约服务时，实际也让人们面临不对称的契约交付规则，在我们不易察觉的情况下，实际上它们能够获取比我们想象的多得多的隐秘信息。实际上，我们在这些互联网巨头面前变成了透明人，而互联网巨头则拥有数字化契约时代的“黑匣子”，这也是互联网巨头在互联网社会构筑统治力的基础。这可能是个类似“潘多拉”的盒子，如果有的组织能够窥见其中的一些秘密，则可能产生左右一些重大社会事件和商业变革的结果，或者就像脸书的用户隐私泄露一样，显然我们今后将面临越来越多的类似事件。

在互联网推动私有信息公共化的同时，我们需要正视一种逆现象，即公共信息私有化，一些具有市场主导力量的互联网企业巨头拥有大量的公共用户信息，并使之成为私有信息数据库，这是其维持一定市场主导地位的手段。从整个数据经济层面来看，互联网巨头造就了类似一种单向透明的数据黑洞，外人难以窥见，而其经济运作，实际上，垄断企业具有的成本数据信息难题一直是个数据黑洞，它们归集了大量数据，但这种数据为私有信息，而非公共信息。互联网企业巨头作为互联网领域的主导力量，如果缺乏有效的制约和监督，则不可避免地影响到网络数字契约的秩序基础。

可以预见的是，保护私有数据信息与推动数据信息公共化之间的斗争将会长久持续，并成为影响未来数字经济发展的一个不可忽视的因素。一方面，国家与国际层面的宏观经济发展需要推动数据信息公共化，“阳光化”的信息数据将让经济变得更加可控；另一方面，保障市场交易又需要保护私有数据信息，这是私有企业创造财富的根基。当我们在驱逐雾霾让世界沐浴在阳光下时，还需要为人们提供足够的庇荫地。

未来我们需要建立一个对称式、更加透明的网络契约社会，确保网络契约是基于正义的交换也是基于公平的交换。Google 开发的安卓免费系统为全世界创造巨大的价值，然而有人质疑 Google 利用这个系统收集海量的用户隐私信息，从而赚取大量超出契约性的钱财。要打破互联网巨头造就的“黑匣子”，我们需要在更高层面建立制度性契约，并形成中心化的契约检视中心，确保人们能够在充分透明、信息对称等的方式下构建各种网络契约关系。基于 AI 机器人中介将会帮助我们在网络社会中更好地自由生存与发展，比如智能机器人律师、智能机器人会计师等将会出现，它们将会为我们建立更加公平、透明的网络契约环境。

在面临网络“噪声”的挑战中，如何构建有效的网络契约体系，形成有效的网络社会契约精神，成为这个时代面临的一个难题，也是当今全球构建互联网文明社会必须解决的问题。构建网络契约体系是降低网络“噪声”的必须途径，这个体系的建设将首先依赖网络自由交易市场，在降低交易成本的驱动下，市场化的网络契约机制设计将发挥不可替代的作用，同时公共政策设计将在保障网络契约的透明性和公正性方面扮演着不可或缺的角色。

9.4 互联网折射的二元世界

互联网使社会政治变得越来越透明，在网络上各种政治思想和言论出现，多元化思想意识显露无遗。当你从互联网上观察政治，你可能真正意识到政治的多面性和复杂性，对于任何一个事件，不同的人会有不同的看法，有不近情理却又坚定不移的“极左”，也有像是毫无头脑却又似看破一切的“极右”，甚至是一些千奇百态的看法，每一种思想都可能拥有一些拥趸。互联网充分折射出社会思想领域状态，让所有人看到这个地球永远是充满“裂缝”的世界。对于习惯于统一化思维或者难以容忍偏激、尖锐的人来说，互联网几乎就像是一个无时无刻不在激发愤怒的“斗殴场所”。

随着互联网延伸到每个人的社会生活，互联网给政府舆论管理带来一些压力，但从另一个角度理性审视，由于能够利用互联网渠道申诉和宣泄，也可能减少一些人采取过激手段的可能，使得一些矛盾能够及时化解，而不至于长期积累发展成恶性事件。也就是说，如果能够施之良好的引导，互联网的“喧闹”实际上反而在一定程度上降低了社会发生过激动荡的可能。对于睿智的政府领导者来说，互联网可以作为一种提高社会“自治”管理能力的有效工具，而对于某些习惯“幕后”或者喜欢“黑箱子”操作的官员来说，互联网是一双让其极其感到不舒服的“眼睛”。

尽管总有人指责互联网上“自由”过滥，但互联网本身也在逐步形成了一种“自治”能力。凯文·凯利在《失控》一书中描述了即使“低生物智能”的蜂群和蚂蚁，它们也能够逐步形成相当成熟的“自治”智慧能力，这种现象也被视为将在互联网领域发生。这就像互联网上的信息安全问题，一方面过多的信息自由传播带来严重的信息安全问题；另一方面互联网也在自发形成安全保护力量，360、诺顿、卡巴斯基等信息安全软件在这种对抗中不断发展。

互联网上的对抗性力量能够形成一种对立相容式的自治平衡，这种平衡可以让民众的“自治”能力在互联网中显现。尽管这些“自治”能力中存在某种“对抗性”，而这种对抗性又有可能让人感到有些担心。对于网络媒体报道的一些社会事件，我和许多人一样，更喜欢去看人们在网络上发表的各种评论，这些评论反映了人们对这些社会事件的思想和意识。当然，由于某些原因，一些评论可能被人为筛选，但是你总可以发现，对于每一件社会事件的评论，都会有不同的声音，甚至有各种奇怪的思想。哪怕是一件最正面的事件，也会有人对此质疑，哪怕是一件最负面的事件，也有人可能为之称赞。互联网上这种评论分化的现象充分反映了社会价值观偏好的复杂性，也显示出在未来民主政治建设的复杂性，这使人想起阿罗不可能性定理。

阿罗不可能性定理（Arrow 定理）是于 1972 年由诺贝尔经济学奖获得者美国经济学家肯尼思·J·阿罗提出。1951 年阿罗在他的著作《社会选择与个人价值》一书中，采用数学方法研究通行的投票选举方式能否保证产生出合乎大多数人意愿的领导者，他的结论是如果众多的社会成员具有不同的偏好，而社会又有多种备选方案，那么在民主的制度下不可能得到令所有人都满意的结果。他断言：当至少有三名候选人和两位选民时，不存在满足Arrow定理的选举规则，而随着候选人和选民的增加，“程序民主”必将越来越远离“实质民主”。

阿罗不可能性定理源自孔多塞的“投票悖论”，早在18世纪法国思想西方经济学家孔多赛就提出了著名的“投票悖论”：假设甲乙丙三人，面对a、b、c三个备选方案，有如下的偏好排序。甲（a>b>c）；乙（b>c>a）；丙（c>a>b）注：甲（a>b>c）代表——甲偏好a胜于b，又偏好b胜于c。若取a、b对决，那么按照偏好次序排列为：甲（a>b）；乙（b>a）；丙（a>b）；社会次序偏好为a>b。若取b、c对决，那么按照偏好次序排列为：甲（b>c）；乙（b>c）；丙（c>b）；社会次序偏好为b>c。若取a、c对决，那么按照偏好次序排列为：甲（a>c）；乙（c>a）；丙（c>a）；社会次序偏好为c>a。于是得到三个社会偏好次序——a>b、b>c、c>a，其投票结果显示“社会偏好”有如下事实：社会偏好a胜于b、偏好b胜于c、偏好c胜于a。显而易见，这种所谓的“社会偏好次序”包含内在的矛盾，即社会偏好a胜于c，而又认为a不如c！所以基于投票的大多数规则，不能得出合理的社会偏好次序。

从某种角度来看，互联网变成政治社会一个非常重要的场所，无论国内外的政府，都对互联网显示的舆论宣传和政治思想越来越重视，互联网也逐步成为政治的主战场。在近些年的许多国家的政治选举中，互联网媒体相比传统媒体显现出空前的传播影响优势。

在与互联网越来越多的交互中，所有的政治领导者和互联网用户都将要懂得很重要的一点，那就是互联网上存在的“对抗性”就如同社会政治一样，随时随地存在且永远不会湮灭，总会有不同的声音，但这种与生俱来的分歧并不可怕，任何社会中都会天然存在这种对抗性的价值偏好差异，任何一部法律的诞生，任何一种道德的约束也都是基于解决社会对抗性的价值差异所产生的。多数反映社会的主流，但多数并不能代表全体，更不能消灭少数。互联网系统天然就是存在不同声音的“噪声”世界，是一种显性“对抗”的思想世界，但我们需要与“噪声”共存而非消灭“噪声”，对立相容的局面是互联网社会教给政府和所有民众的最重要的政治课程，这也像一句常被人引用的名言“我不同意你的意见，但我誓死捍卫你发表意见的权利”。显然网络文明的培育和成长将不会一帆风顺，就像我们要在盐碱地上耐心种出耐盐碱的庄稼一样。

在互联网社会，我们永远可以看到世界的另一面，对于热衷于追求统一建构化和绝对权威的传统政治来说，互联网显然不是一件那么令人欢喜的东西，它呈现出非统一性、个性化、自由化的特点，意味着社会意见分裂的显性化，然而作为一个前所未有的社会平台，互联网又扮演着反光镜和社会黏合剂的角色，它让我们看到世界的另一面，让许多不同的群体在这个平台上发出声音，更让我们意识到这个世界存在着许多不同的声音，甚至是“噪声”。在思想领域我们将可以看到，互联网领域的去建构化趋势将会越来越明显，而辨思化的浪潮将占据互联网的主流。越来越多的政治社会决策将受到互联网政治力量的左右和修正，但互联网的思想力量将来自辨思化浪潮，泛网络化的对立相容将成为互联网秩序的基础。我们将发现所有人都站在互联网这道“裂缝”上，我们不可能也无法追求思想真理的统一，但人性的真理将因为网络化潮流更加显现，从而掀开人类文明的新篇章。

在互联网商业领域，盛行的“颠覆式创新”可以说是另一种极端形式的对立相容形式，这意味着商业领域的模式竞争将更多呈现出互斥型，这种残酷的竞争本是商业文化的一部分，只是在互联网时代的许多领域中，我们可以看到比以往更加残酷的商业竞争，赢家通吃现象更加普通，更为集中的市场，更加强势的主导力量，然而这并不妨碍对立相容作为互联网秩序的基石，因为这对于人类文明而言，这意味着一种更为强大的创新和进化动力。

9.5 从“数据化”到“逻辑化”

大数据领域的投资与并购已经成为互联网领域的热点，伴随着大数据技术的发展，利用大数据预测事件成为一个应用热点，这让大数据似乎像巫师手中的水晶球一样充满迷幻的色彩。采用大数据技术预测涵盖的领域也越来越广，像天气预报、设备故障、疾病发生，甚至是股票波动，我们也看到诸如以下的众多大数据的应用例子。

美国 Palantir 成为估值超过 200 亿美元的独角兽，其拥有两大产品线——Palantir Gotham 和 Palantir Metropolis 分别应用于国防安全与金融领域，最为显著的“战绩”包括帮助多家银行追回了前纳斯达克主席 Bernie Madoff 所隐藏起来的数十亿美元巨款，美国联合包裹服务公司（UPS）已经将特制的传感器安置于卡车关键机械部件上，通过传感器发回的数据，预测机械故障。Google 公司通过大数据预报流行病，它们按照地点分析用户搜索关键词，从而预测美国哪些地区将可能爆发流感，并且准确性相当高。印第安纳大学的研究团队建立一个基于推特的数据模型，来预测三天内的股价变化，据说正确率达 87%。我的一个电信运营商朋友正在创业，他们采用一种不为公众所知的在线侦测搜索数据技术，包括搜索引擎和一些证券交易

App 的搜索数据，对特定的金融办公区域用户的搜索数据进行建模，来预测搜索热点股票价格波动信息……

当前许多企业迷恋于采集与利用个人信息的大数据，然而这受到保护隐私法的限制，不少人在不知不觉中逾越边界，这些个人信息被应用在商业、政治中，不时引发公众的担忧，而法律尺度的张弛也让个人信息的大数据利用者时刻存在隐忧。在这种背景下，大数据建构将可能出现更多机会。

互联网给我们带来了信息数据革命，通过互联网，每时每刻都有海量的信息数据得以传送和交流。一方面，数据的交换产生庞大的数据需求市场，促使大量新的信息数据产生和使用，推动数据经济的发展；另一方面，这意味着生活在互联网时代的每个人都能够通过互联网获取前所未有的海量信息数据，很多过去看上去隐秘的信息数据不再隐秘。我们看到，全世界也在千方百计地利用互联网搜集各种军事科技信息数据。如果现在我们想了解某种工业产品或商业秘密的数据信息，即使我们不能通过互联网直接得到全面的信息，也可以通过互联网海洋中展现各种零碎信息汇总起来，从而掌握大部分信息，再通过互联网设法找到相关的专家意见补充其余的信息。

互联网带来的信息数据传导的便利和透明化，给传统企业发展模式与经济模式带来深刻影响。根据信息经济学理论，私有信息的存在是市场交易存在的重要基础，没有私有信息就没有市场。具备某种产品、技术或者管理私有信息是企业竞争力的体现，而这些私有信息在更大程度上走向公共化，也意味着可能给企业带来挑战。企业的产品技术和管理模式容易被复制和模仿，尽管类似专利保护制度让企业的私有信息能够以法律保护的形式公开化，然而并不能组织许多企业以模仿并规避专利的方式获取企业的私有信息。

互联网时代的企业需要意识到，互联网既给每个企业提供了一个机遇，让企业能够通过互联网搜寻到更多市场、产品数据信息，也会将企业许多私有信息公共化，这使得我们发现许多企业在成长和发展壮大的过程中会面临更多挑战，今天当任何一家企业显现出成功迹象时，很快会有许多企业复制其产品技术或者管理模式，尤其在一些知识产权保护力度不足的地方，这让一些创新企业的发展壮大变得更为困难。同样的，传统工业企业在互联网时代也面临着前所未有的挑战，它们发现自己的产品、技术和管理在被越来越多的对手洞悉，越来越多的竞争对手在蚕食其市场份额，一些看上去在市场上优势明显或者处于垄断地位的产品技术，可能一夜之间被某个突然冒出来的新企业打破格局而节节败退，当自己即将要推出新产品时，会发现某个原来不知名的竞争对手突然抢先攻占了市场。

在互联网推动私有信息走向社会化公共化的进程中，向“数据经济”模式演变成为社会经济发展转型的关键。如今通过互联网工具我们可以搜集到各个社会经济层面的各类数据，并进行对比分析，同时对企业的各种数据进行细致分析，这些微中宏观数据的分层构建，将数据变成黄金一样可贵，也将使我们从“数据混沌”的社会经济模式中逐步走向更加完整数据模型构建社会经济模式，从而有助于我们增加对未来社会经济的可预测性和可把握性。在数据经济时代，对于国家来说，需要实现的是公共资源与公共政策的输入数据与社会经济产出数据的均衡匹配，而对于企业来说，在相应的产业链上下游实现市场化的“数据对接”成为企业生存发展的基础。

在推动私有信息公共化中，数据的透明化将使得过去在经济社会许多层面存在的信息不对称条件受到约束，这也意味着在传统经济学设定的许多信息不对称条件影响可能削弱，而相应的经济决策博弈模式也在不知不觉中得到修正与调整。这种调整为许多后发的竞争者提供了新的机遇，使得它们有更多机会获得充足的技术和市场信息，从而更容易追赶先行者和市场垄断者。事实上，在过去认为几乎不可攻破的许多市场垄断领域，近年来可以发现越来越多异军突起的成功案例。笔者曾接触一家研发光通信模块的公司，短短几年时间打破通信巨头的市场与技术垄断，快速切入高端市场。中国这些年的高科技快速发展，包括在许多被欧美国家禁运的军事高科技领域取得突破，无疑与互联网时代的信息弥散特征是密切相关。

借助人工智能技术，人们在各种信息如生物、化学、物理、经济、社会等方面的数据挖掘、建构等方面将不断取得新突破，这将为我们揭示更多自然与社会规律，也将使得以数据为核心的建构与解构经济社会与企业增长的方法论兴起，并成为新一轮经济发展的驱动力。构建逐步完善的社会经济、企业发展的数据建构与数据解构体系，将成为从深层次推动经济与企业发展的方向，这也与互联网时代的计算科学快速发展紧密适应。

我们曾经在科幻片中看到过一种梦幻般星际旅行情境，人类通过光传送装置将自身的信息传至另一个星球，复制一个自己，从而实现星际旅行。尽管这是一个科幻式的数据改变世界模式，但是在许多方面我们可能正走向类似的趋势，人工智能和计算科学的发展使得世界上许多抽象因素越来越变得可计量化，也使得许多抽象事件模型变得可以演算。例如，通过高性能计算机为企业的运作或者国家的经济建立搭建系统化数据模型，从而更精确地计算出企业或国家的经济发展前景。当然，这也意味着如果我们希望复制一个企业或一个国家的成功发展模式，我们可以利用这种模型看得透彻，而逐步完善数据化的建构与解构将成为许多科学家的挑战。

从本质上看，所有技术发明、产品研发、专利产权都能以一种隐秘或公开的数据方式存在，这赋予了数据本身可以成为一种无形的高价值财富，我们也将可能看到未来基于数据资产的财富排行榜。随着技术进步，许多原来被认为是自然垄断的行业如通信、电力等行业将变成可竞争性行业，数据垄断将可能成为最后的垄断“堡垒”。有价值的数据资产化正成为资本市场追逐的热点，然而并非所有的数据都是有价值的，掌握数据资产并将其有效变现并非一般人能够做到，在数据要真正成为可交易的财富资产之前仍有相当长的距离，包括需要对数据资产价值进行精确衡量，比如建立广泛认可的价值计量模型，对相关数据的容量、完备、应用价值等进行衡量，这在现阶段似乎不可能实现。

长期以来宏观经济学本身是一个大数据集合。在今天高举市场经济的时代，不可忽视的是，在许多企业的微观经营中不乏采取类似计划经济手段，就像许多企业开展的经营预算管理，尽管许多企业经营预算管理，能对自己资源预算，却很难把握市场的动态变化。就像政治经济学中讨论的公有财产和私有财产问题，未来在公有数据和私有数据之间的矛盾也将成为一个社会问题。

大数据处理技术，已经能够帮助一些国家政府在各种纷繁的数据中搜寻间谍和反恐信息；寻找失落的资金；或者发现到潜在用户的消费机会，然而取得这些成果的关键并非取决于对庞大数据的计算处理能力，而是在于对某些关联数据的成功建模。建立起各种具有关联关系的数据模型，从而追溯到某种“蝴蝶效应”的根源，成为大数据技术应用的潜力所在。比如，我们将会更多地从一些人的外在特征数据，关联到某种行为特征数据，再追踪到人类的 DNA 特征关联，或关联到某种环境特征数据，这可能让这个世界许多潜在的因果关系变得更加清晰，也将会让许多事件的预测变得更加可能。

大数据技术商业化的难点，并非在于大数据处理能力成为瓶颈，而更多在于大数据建模，即对不同的数据建立合适关联的逻辑链条。这些逻辑链条关系非常复杂，存在许多交织关系，就像无数张网交织。随着大数据技术发展，人们将利用各种数学与计算机工具建立更多的数据模型，许多看似无联系的数据之间的相关性被验证发掘，从而向我们展现一个比互联网更加复杂的“大数据逻辑网络”，通过这张网络我们将窥探到世界许多隐秘的联动因素，从而更好地把握事物的运动规律，包括为我们在许多领域开拓新的方向。可以预见的是，大数据发展将在军事安全、经济金融、医学生物等领域获得广阔空间，这些领域具有的丰富数据将为大数据技术发展提供基础。譬如在医学生物领域，大数据将为我们揭示基因数据到生老病死的逻辑链条，乃至进一步揭示生物进化的逻辑链条，这将给我们展现一个新的、丰满而神奇的逻辑世界，而你的企业无疑将在这个逻辑世界中。

9.6 商业智慧与互联网偏执

互联网对所有的企业都带来了全方位的挑战，很多企业领导对此都有深刻的认识，包括一些著名的企业管理家也在不断发表自己对互联网变革的看法，他们的思想和看法代表着一种对互联网的洞察，对于我们认识和把握互联网变革具有不可忽视的可贵价值。谈到企业管理家，在中国改革开放引入市场经济后，有四个标志性人物堪称“当之无愧的商业领袖”，当然衡量是否堪称商业领袖并非仅仅在于其领导企业的成功程度，还在于其个人思想对社会的影响力。以下对这四位商业领袖的互联网观点做一个简单介绍。

中国引入市场经济后，作为将一个小街道办集体企业发展成为最大家电厂商的领军人物，张瑞敏先生在中国企业中可以称得上是一个开创性的商业领袖。在 20 世纪 90 年代到 21 世纪初顶尖的企业管理者中，尽管在张瑞敏之前或者同时期也有其他一些知名的企业管理者，但远不能与同时代的张瑞敏相比，思想敏锐、意志坚定、务实而又勇于变革的张瑞敏似乎天生是一个杰出的商业领袖形象。张瑞敏代表着中国企业在走向市场化中践行自我变革和开拓创业的模范，同时代表着中国家电制造乃至整个制造业成功崛起的典型。尽管如今仍以家电制造为主的海尔在发展转型上仍不尽如人意，在应对互联网挑战上也仍鲜有重大突破，使得其作为一个传统企业领导者的影响力有所下降，但张瑞敏先生在管理思想上始终活跃在在前沿，不断提出新的管理理念，仍然显示出广泛的社会影响力，也显示出其在中国企业管理界的地位仍然受到尊重。

张瑞敏先生是互联网思想的前沿引领者，也是互联网变革积极倡导者，他提出要将海尔在互联网时代转型成一家三无公司，即企业无边界、管理无领导、供应链无尺度。张瑞敏先生提出了互联网三个特征：零距离、阿米巴模式、分布式，并认为这三个特征分别颠覆了古典管理理论三位先驱：泰勒、马克斯·韦伯和法约尔的理论。零距离就是原来以企业为中心现在以用户为中心，需要颠覆过去泰勒的大规模制造模式，变革成满足用户的个性化需求定制。阿米巴模式就是去领导化，让用户成为员工的上级，从而颠覆马克斯·韦伯的科层制管理。分布式是指资源分布不再集中，而是在全球化的资源分布，新的管理模式需要颠覆法约尔的一般管理理论。

关于张瑞敏先生在海尔内部创建小微企业的管理思想，还有一个故事，他曾表示如果他见到 GE 公司的传奇总裁韦尔奇，最想跟他请教的问题之一是“怎么把大企业做小”。张瑞敏先生还曾经提到加拿大人唐·泰普斯科特和英国人安东尼·威廉姆斯撰写的《维基经济学》中的一句话，就是“全球就是你的研发部！”。张瑞敏先生的互联网思想超越了这个时代，也超越了这个企业。作为一个拼力拥抱互联网浪潮的传统家电企业，海尔不断在变革中寻求突破，但却似乎很难突破自身的传统业态基因。

联想的巅峰期紧接海尔巅峰期后，其最大的成功在于将销售、技术、制造资源与客户需求用最有效的方式衔接起来。柳传志先生作为将联想集团从一个研究机构附属企业发展成为全球最大的个人电脑厂商的领军人物，代表着中国 IT 制造业的强势崛起，也代表着中国企业从劳动力密集型到智力密集型产业转型的典范，尽管联想一直面临如缺乏核心技术的质疑，但毋庸置疑联想收购 IBM 电脑和服务器仍代表着中国企业在走向国际化中达到一个新的高度，显示出中国企业整合全球资源能力达到一个新阶段。虽然联想面临电脑市场衰退的挑战，但联想在转型上似乎已经呈现出更好的趋势，而作为联想精神领袖的柳传志先生无论在引导联想集团发展上，还是在国内企业管理领域，一直发挥着独特而重要的影响力。

柳传志曾经如此描述互联网思维：互联网思维与传统产业的对接，会改变传统的商业模式。从结果来看，大致会产生这么几个效应：长尾效应、免费效应、迭代效应和社交效应。其中长尾效应，现在互联网思维将有助于企业将产品做得更加柔性化，更加适合个体的个性化需要，比如印刷 5000 册甚至更少的书也能够在 Kindle 电子书上阅读，这就是长尾效应最直观的体现。谈到免费，柳传志认为一直都是互联网的基因之一，比如车载导航，伴随着地图成为移动互联网的入口级服务，阿里巴巴、百度等宣布永久免费，在短时间内聚集了大批用户，接下来孕育全新商业模式。谈到迭代效应，柳传志认为这是互联网思维的另一个结果，互联网思维的迭代效应是全新的研发思路，让原型设计尽快上线，通过用户互动、反馈迅速调整设计，持续微创新，不断完善。让用户参与产品试验、验证，并倾听用户的反馈进行改进，这样的产品研发模式，以往是很难操作的，而互联网思维让它变成了现实。更重要的是，它还可以与粉丝营销相结合。谈到社交效应，柳传志指出过去做产品推广靠的是新闻发布会、广告攻势，如今通过互联网社交圈子推广，市场效果更好。

对于小微市场，柳传志认为，由于互联网尤其是移动互联网开放、互动的特性，以及大数据、云计算等技术手段的应用，使得大量的中小企业和注重个性化需求的个别消费群体，成为商业中的主要顾客，而此前除了大客户、大众市场受到重视外，企业虽然也强调“个性化”“客户力量”和“小利润大市场”等理念，但是由于数据采集、精准定位、柔性生产以及点对点营销等技术手段的缺乏，企业很难满足这些小众市场的需求。柳传志认为，互联网思维开放、互动的特性，将改变制造业的整个产业链，因此用好互联网思维，制造业链条上的研发、生产、物流、市场、销售、售后服务等环节，都要顺势而变。联想作为一个 IT 业“巨子”，在积极向互联网化浪潮进军，如今似乎面临互联网化营销创新与技术创新的双重无力感，面临的挑战日益严峻。

作为一个看似教育知识背景并不丰富的退伍军人，任正非将一个小 IT 公司发展成为全球最大的电信设备商，堪称一个新的商业奇迹，代表着中国 IT 制造业和信息技术的新高峰，也代表着中国的智力创造达到一个前所未有的新高度。充满狼性的华为公司征战全球各个市场并攻破一个又一个堡垒，让全球从一个前所未有的层次敬畏中国技术，成为中国进入高端技术市场的象征。华为的巅峰时期仍在延续，任正非也堪称最务实的商业领袖，拥有非凡的组织和激励力量，在华为进入的新兴领域中，不少领域很快呈现出强大的进取力量。尽管很少面对公众媒体采访，任正非在企业内部的各种讲话仍然在各种媒体渠道上传播，其见解犀利而又深刻，引起广泛关注，也显现出非同一般的商业领袖魅力。

谈到互联网，任正非显示出不一般的冷静和务实，曾经说了如下一段话：别那么互联网冲动，有互联网冲动的员工，应该踏踏实实的用互联网的方式，优化内部供应交易的电子化，提高效率，及时、准确地运行。互联网是一种思维，也是一种技术工具。不能鄙视互联网，也不必神化互联网，更不要脱离企业自身实际去搞互联网。任正非还曾在一次公开的大会上讲述自己对互联网的观点，“互联网还没有改变事物的本质，现在的汽车还必须首先是车子，豆腐必须是豆腐，当然不等于将来不会改变”。

作为顶尖互联网企业阿里巴巴的领军人物，马云光芒四射，其传奇般的财富故事和首富新贵形象，加上拥有似乎花不完的投资，使其成为互联网时代当一不二的商业领袖，也成为许许多多年轻人创业梦想的“天神”级的偶像。阿里巴巴也显示出不断超越的创新精神，阿里巴巴的客户经营革命达到了一个新的巅峰，今日庞大的阿里巴巴也成为互联网统治权威的象征，在互联网电子商务领域建立了几乎无法撼动的领袖地位。作为互联网革命的践行者和引领者，马云尽管很少用正式的管理语言来描述对互联网的看法，但他显然对互联网拥有其他人所无法比拟的透彻见解，堪称互联网商业思想的集大成者。

作为这个时代站在互联网的巅峰者，马云称，在20世纪工业时代，所有的企业都讲究规模、大和标准。当人类真正进入互联网信息时代，企业开始讲究小、特色和附加值，讲究小而美。随着互联网的快速发展，带来的变化也越来越快，有创新力的小企业未来一定会影响中国经济。马云表述了与张瑞敏相似的观点，认为企业做大是一种变态行为，大企业未来会越来越累。

商业领袖们的互联网思维和互联网化观点，引领着互联网智慧浪潮。在商业领袖们的互联网智慧外，“互联网疯子”精神是经常被宣扬的一种大智若愚式智慧。互联网上传诵的故事告诉我们，乔布斯领导苹果公司，马云创立阿里巴巴公司，马化腾做大腾讯公司等，都曾经历许许多多的磨难，这些互联网领导者都有一种“疯子”一样的偏执精神，这种偏执让他们能够树立和坚持自己的强大信念，不畏旁人的非议和外部困难，带领企业最终走向成功。

今日，许许多多的企业都在寻找类似乔布斯的“互联网疯子”。中国移动前总裁王建宙曾经公开表示“中国移动未来需要的是‘互联网的疯子’”。当年英特尔创始人葛洛夫也曾经说过“只有偏执狂才能生存”的经典名言。然而，看似同样的坚持，却未必是同样的结局，我们来看看以下几个相似而又不同的案例。

IT 和互联网界的传奇人物乔布斯一直坚持自己的梦想，去世前将苹果公司打造成全球市值最高的公司，但乔布斯的也曾经多次经历失败。乔布斯是苹果电脑公司创始人，在乔布斯的影响下，苹果公司一直奉行一种独特、封闭性的市场差异化战略，苹果公司作为最早的电脑公司之一，曾经与 IBM 并驾齐驱，其开发的苹果电脑的体系架构、操作系统等都具有相当的独特性，MAC 系统具有非常优秀的图形处理能力，但是不能与其他计算机系统兼容，硬件软件系统都是苹果公司独具的。苹果公司固守自己独特而封闭的计算机系统，曾在与 IBM 主导的开放兼容计算机系统竞争中几乎节节败退，在计算机市场一度走向衰落甚至几近退出市场。无独有偶，与苹果公司类似，20 世纪 80 年代，美国另一家曾经知名的计算机公司王安电脑有限公司也曾经因坚持开发具有独特性的计算机系统，最终走向破产。在计算机市场的败退也让乔布斯不得不一度离开苹果公司。“Think Different”，这种特立独行是乔布斯一直信奉的信条。令人出乎意料的是，苹果公司奉行的独特战略在 iPod、iPhone 等产品上却在 21 世纪获得巨大的市场成功，其开发的 IOS 手机操作系统虽然仍然具有封闭性，但率先打造 App 应用商店却因其开放的吸引力而大放异彩，同时苹果公司在图形处理能力上的优秀表现也成功移植到手机终端上，加上乔布斯一丝不苟打造工业设计的能力，使得苹果公司的 iPod、iPhone、iPad 等产品让全世界消费者趋之若鹜，苹果电脑也重新焕发市场生机。

我们再看看另一个与苹果公司相似日本索尼公司。21 世纪初，返回苹果公司不久的乔布斯曾经向《时代》周刊表示：“我宁愿和整个索尼竞争，而不和微软的某一个产品竞争。我们是唯一拥有产品全部体系的公司，硬件、软件和操作系统我们都有，我们有能力对用户的体验全责承担，有能力做许多其他公司做不到的事情。”索尼公司以技术创新闻名，在其开发的许多电子产品中，比如游戏机、录像机等，索尼公司与苹果公司一样，奉行独特的差异化战略，这些机器的系统独特封闭，一般与其他公司的产品不兼容，业界誉之“以正合，以奇胜”的成功典型。凭借强大的开发力量，索尼公司的这种差异化战略使其一度在不少产品领域取得成功，也开发了一些风靡全球的产品，但进入 21 世纪后，索尼公司坚持的这种战略却逐渐失灵了，一些关键产品经营陷入困境。

苹果和索尼公司都执着于相似的独特性市场战略，开发的软件系统、硬件产品都是专用而封闭的，自成体系且独具特色，两家公司也都是以创新力见长。因为偏执于独特性的市场战略，苹果公司转衰为盛，而索尼公司却由盛趋庸，偏执的问题在哪里？

从互联网的角度来看，也许可以说苹果公司的偏执是抓住了互联网，而索尼公司的偏执却是错过了互联网。从用户角度来看，苹果的偏执在于为用户创造了前所未有的用户体验，而索尼的偏执则为用户创造了许多华而不实的功能。偏执可以让一个公司创造辉煌，但也同样可以毁灭一个公司。偏执是否意味着企业能够成功？我们再来看看诺基亚的例子。2006 年随着手机价格低迷，诺基亚开始决定向“互联网”公司发展。当时诺基亚的官方外交词汇统一改成了“我们是一家互联网公司”，据说诺基亚之后几年新招聘的员工大部分来自于互联网企业，诺基亚中国整个办公区贴满了互联网应用的张贴图。从 2006 年到 2008 年，诺基亚共收购了 5 家软件开发公司和互联网公司，包括2007年豪掷81亿美元收购全球最大的地图供应商Navteq，上百亿美元投资打造Ovi邮件和Ovi地图两大应用。然而诺基亚偏执于Symbian系统和微软手机系统，最终沦为市场出局者，显然如果诺基亚放弃偏执改生产Android手机，即使贵点也可能会有很多人买，但CEO史蒂芬·埃洛普在被微软收购前依旧偏执地感叹“我们没有做错什么，但不知为什么，我们输了！”

互联网创新是一个不断试错和修正的过程，所谓互联网偏执应当是对一个目标和一种精神的执着，而绝非偏执抱着某种业务或者固守某种策略而不愿意检视错误。偏执应当是一种创新的偏执，而非是守旧或不撞南墙不回头的偏执。

参考文献

[1] 凯文 · 凯利 . 失控：机器、社会与经济的新生物学 [M]. 北京：新星出版社，2010.

[2] 温德尔 · 瓦拉赫，著 . 萧黎黎，译 . 科技失控：用科技思维重新看懂未来 [M]. 南京：江苏文艺出版社，2017.

[3] 卢彦 . 互联网思维 2.0[M]. 北京：机械工业出版社，2015.

[4] 马化腾 . 等 . 互联网经济三部曲 [M]. 北京：中信出版社，2017.

[5] 李志刚 . 互联网 + 产业转型 [M]. 北京：电子工业出版社，2017.

[6] 史蒂夫 · 凯斯 . 联网第三次浪潮 [M]. 北京：中信出版社，2017.

[7] 薛金福，李忠玉 . 互联网 + 大融合大变革 [M]. 北京：中国经济出版社，2015.

[8] 威利 · 莱顿维塔，爱德华 · 卡斯特罗诺瓦 . 虚拟经济学 [M]. 北京：中国人民大学出版社，2015.

[9] 20 年来最不靠谱的五大互联网预言 .

[10] 邬贺铨 . 万物互联：物联网创新创业启示录 [M]. 北京：人民邮电出版社，2016.

[11] 互联网思维的四个核心观点九大思维解读 .

[12] 马云：未来三十年属于“用好互联网技术”的人 .

[13] 马云乌镇演讲：我这一年对互联网和未来的思考 .

[14] 雷军：所有互联网公司都会成为人工智能公司 .

[15] 马化腾：未来互联网企业将给各行各业赋能解决痛点 .

[16] 刘强东：互联网思维并没有改变商业的本质 .
[17] 任正非：对实体经济来说，互联网的真正作用是什么？
[18] 张瑞敏：大型企业在互联网时代必须要转型 .
[19] 湖畔大学卫哲演讲：这是互联网改变不了的商业本质 .
[20] 柳传志眼中的互联网思维 .
[21] 李彦宏说：互联网的下一幕就是人工智能的时代 .
[22] 李开复：互联网革命才刚开始 .
[23] 互联网经济本质与互联网思维 2.0.
[24] 传统经济学还适用于互联网行业吗？
[25] 威利 · 莱顿维塔 / 爱德华 · 卡斯特罗诺瓦. 虚拟经济学 [M]. 北京：中国人民大学出版社，2015.
[26] 关于未来商业科技趋势的十一个预言 .
[27] 柳传志眼中的互联网思维 .
[28] 孙正义 2017 最新演讲：信息革命的新世界正在到来 .
[29] 丁磊：移动互联网主要有两种成熟的商业模式 .
[30] 张朝阳对话周鸿祎：互联网下一个机会在哪？
[31] 资源配置到位才是“互联网 +”战略落地 .
[32] 区块链：搜索引擎的新技术？
[33] 区块链不仅是蹩脚技术而且是对未来的糟糕展望 .
[34] 普通人如何在“区块链”中赚钱？

后记

我写这本书经历了一些波折，首先花了一段时间研读相关书籍和材料，几经重来，写到最后自己一直感觉不太满意，主要是以前写的书都是逻辑性强、条理清晰、图文并茂风格，而这本书写的比较形散，后来我想这也是自己的一次突破，就算是一种互联网自由风吧！

自己原来在央企工作时也曾写作出版过两本书，这两本书也带给我一些灵感。其中一本《移动互联网时代的电信营销与经营创新》是关于通信营销的书籍，在通信业中吸引了不少读者，还有运营商及学校老师拿这本书当培训教材，一些营销管理人员作为参考、学习，让我很受激励。另一本《电信市场监管与竞争规则》，有几家国内外知名的专业咨询机构通过这本书了解中国电信市场，商务部 WTO 咨询中心也曾经为此邀请我做了讲座，我从中得到一些鼓励。

十年磨一剑，写书是促使我去学习、研究、思考的最好方式，能够让你对某个行业、某个领域进行全面、深入、透彻的理解，如果结合工作实践，有可能让你在最短的时间内成为专家。写书花了我很多业余时间，但坚持写的主要动力是，写书能促使自己去更深入地总结、思考和学习一些知识。我把更多精力转向关注互联网领域，经常花时间研究跟踪互联网及相关科技领域出现的各种新技术、新业务、新商业模式。在不断地跟踪研究与学习中，我写出这本关于互联网的书，这本书成为驱动我学习思考和职业转型的一种动力。同时，我将自己的研究思考与工作实践结合起来，希望在自己从事的互联网相关工作中能够更好地把握未来、创新未来。

我写这本书花了很长一段时间，中途由于工作忙而中断过，主要是利用晚上时间和周末写，有时候睡觉时突然有一些新的思考心得，又爬起来写，有辛苦也有乐趣，感谢我的家人支持。由于本人写作水平有限，本书的一些研究和思考只是管中窥豹，希望读者朋友批评指正。

www.ingramcontent.com/pod-product-compliance
Lightning Source LLC
LaVergne TN
LVHW082221051026
849532LV00012B/3842